Sylvie Bégot

Korbflechten mit Altpapier

einfach, schön und nützlich

ökobuch

Fotos

Alle Fotos des Buches stammen von Sylvie Bégot mit folgenden Ausnahmen: Das Titelbild sowie die ganz- und halbseitigen Bilder stammen von Aurélia Guy, Sabine Facchin und Mila Bathurt (wiederum mit Ausnahme der Bilder auf den Seiten 54 und 58, die Sylvie Bégot gemacht hat).

Dank

Ich danke meiner Familie, meinen Freunden, Francoise, aber auch meinen Schülern, mit denen ich kreative Ideen austausche.

Sylvie Bégot

http//www.vannerie-osier-rotin.com
Blog: larcreation.new.fr

Bibliografische Information der Deutschen Nationalbibliothek

Die Deutsche Nationalbibliothek verzeichnet diese Publikation in der Deutschen Nationalbibliografie; detaillierte bibliografische Angaben sind im Internet unter http://dnb.d-nb.de abrufbar.

Die Originalausgabe des Buches ist erschienen bei Éditions de Terran, BP 4, 31160 Aspet, Frankreich unter dem Titel „Éco-vannerie".

Die Übersetzung ins Deutsche haben Elke Ross und Elisabeth Battke ausgeführt.

ISBN der deutschen Ausgabe: 978-3-936896-80-0

5. Auflage 2022

ökobuch Verlag GmbH,
Königstr. 43, 26180 Rastede
E-Mail: verlag@oekobuch.de
http://www.oekobuch.de

Grafisches Centrum Cuno, Calbe

FSC
www.fsc.org
MIX
Papier aus verantwortungsvollen Quellen
FSC® C043106

Unsere Bücher werden nach höchsten Ansprüchen an Nachhaltigkeit und Ökologie produziert und wir optimieren ständig weiter:

- Papiere und Pappen sind FSC® oder PEFC™ zertifiziert
- Druckfarben auf Pflanzenölbasis
- Druckplattenbelichtung komplett chemiefrei
- Klebstoffe lösungsmittelfrei
- 100% Öko-Strom bei Druck und Bindung
- Müllvermeidung und Recycling bei der Produktion
- kurze Wege, gedruckt in Deutschland

Inhalt

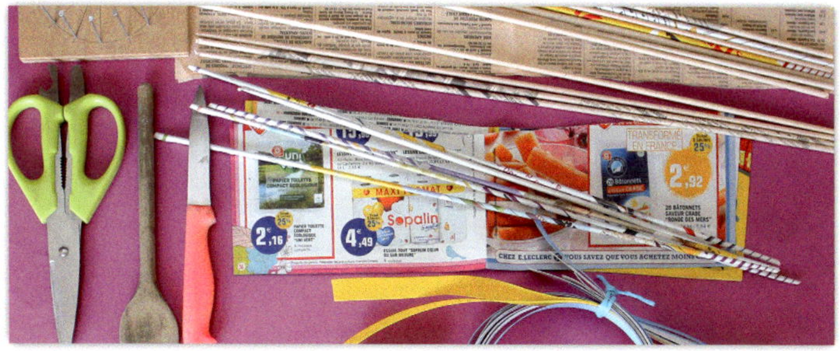

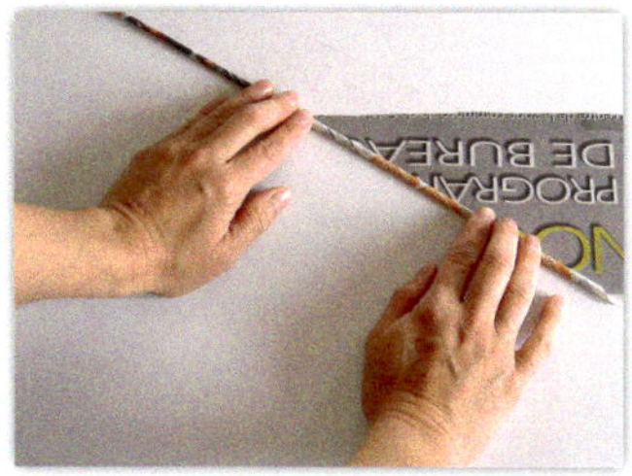

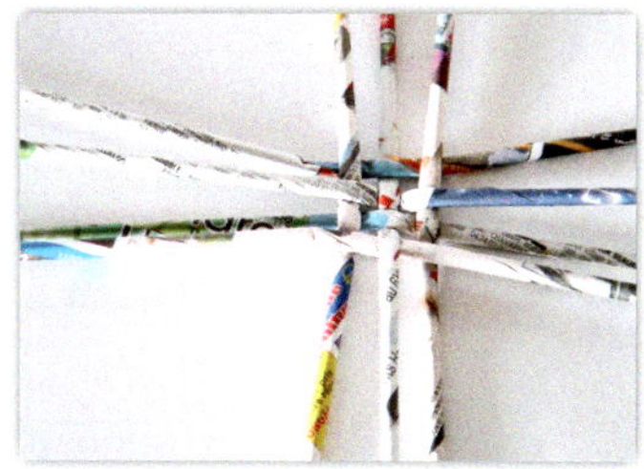

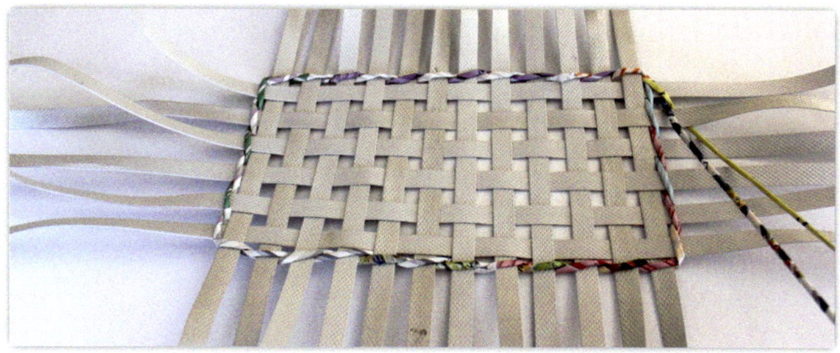

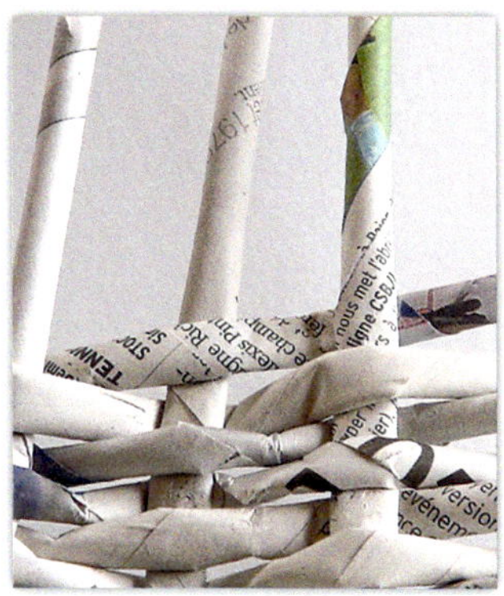

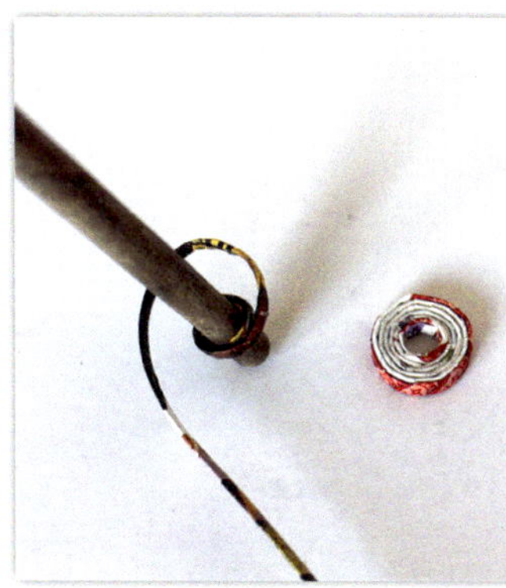

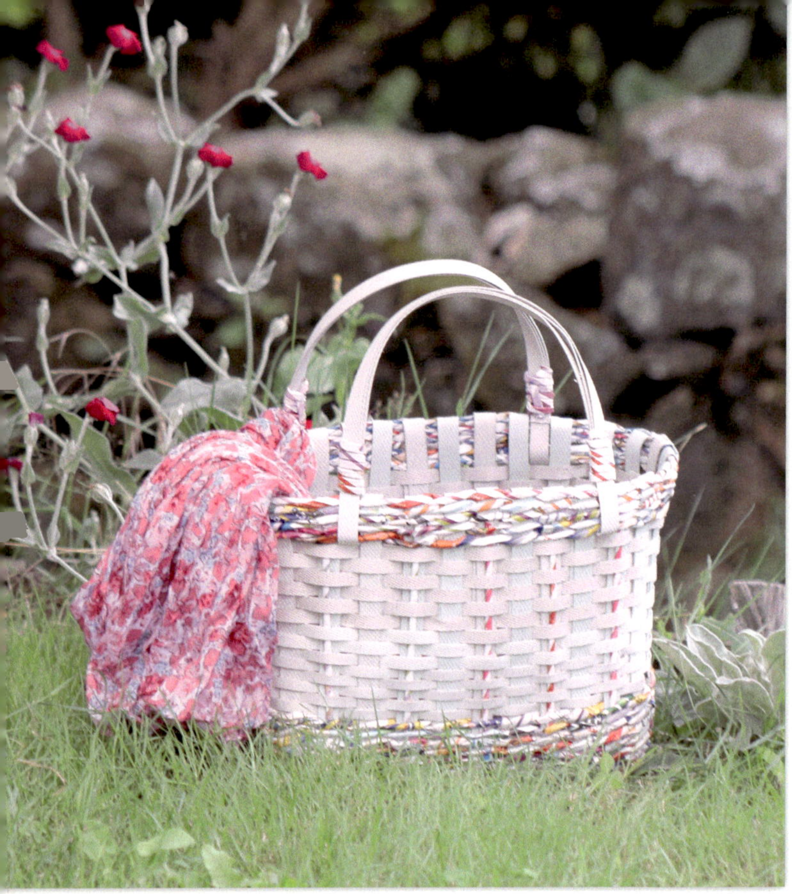

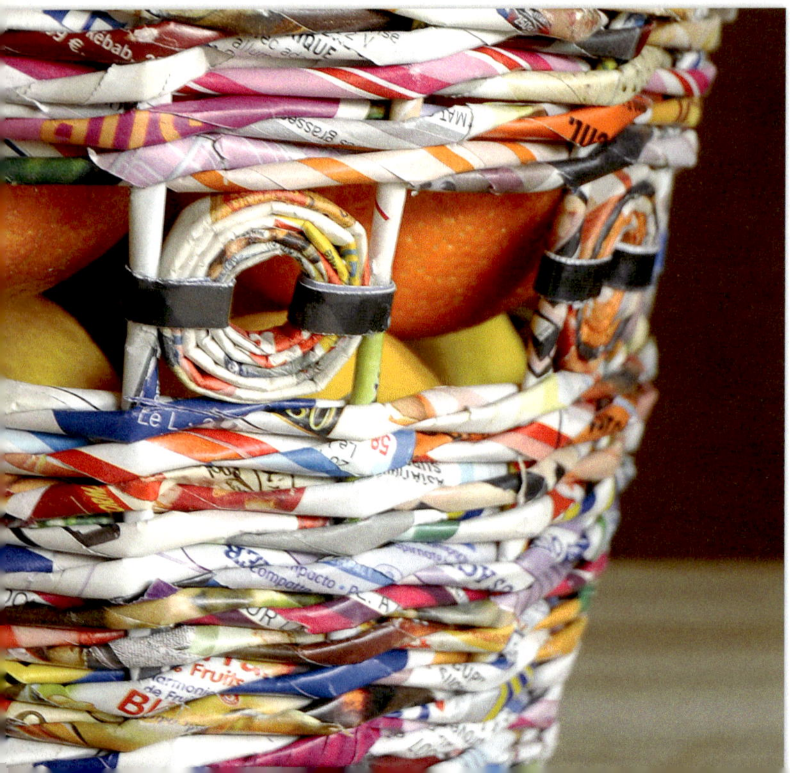

Vorwort

Mit diesem Buch möchte ich Sie mit einer neuen Möglichkeit des Korbflechtens bekannt machen: mit dem Verflechten von Alltagsmaterialien. Nachdem ich das Korbflechten mit Weide ausgiebig praktiziert und zwei Bücher über Korbflechten mit Peddigrohr veröffentlicht habe, hat mich die Frage beschäftigt, ob nicht auch alltägliche Materialien, die gerne im Abfall enden, zum Flechten geeignet sind. So kam ich darauf, verschiedene Arten von Papier aus Zeitungen und Zeitschriften zu Rollen zu drehen und die häufig verwendeten verschiedenfarbigen Verpackungsbänder aus Kunststoff so zurechtzuschneiden, dass sie sich mit den Techniken des Korbflechtens verarbeiten lassen.

Es war eine gewisse Herausforderung, die richtigen Flechttechniken für die neuen und andersartigen Ausgangsmaterialien zu finden, um Hässliches in Schönes und Unnützes in Nützliches zu verwandeln. Ich hoffe, dass die Beispiele in diesem Buch Ihren Blick auf Wegwerfmaterialien verändern und Sie Altpapier und Kunststoffbänder im Verwertungskreislauf auch als Ressource sehen können.

Dabei tragen die verschiedenen Farben der Papierrollen und Plastikbänder bereits dazu bei, dass bunte Flechtarbeiten entstehen. Um Ihren Kreationen eine persönliche Note zu geben, können Sie sie aber auch zusätzlich mit Farbe gestalten.

Sylvie Bégot

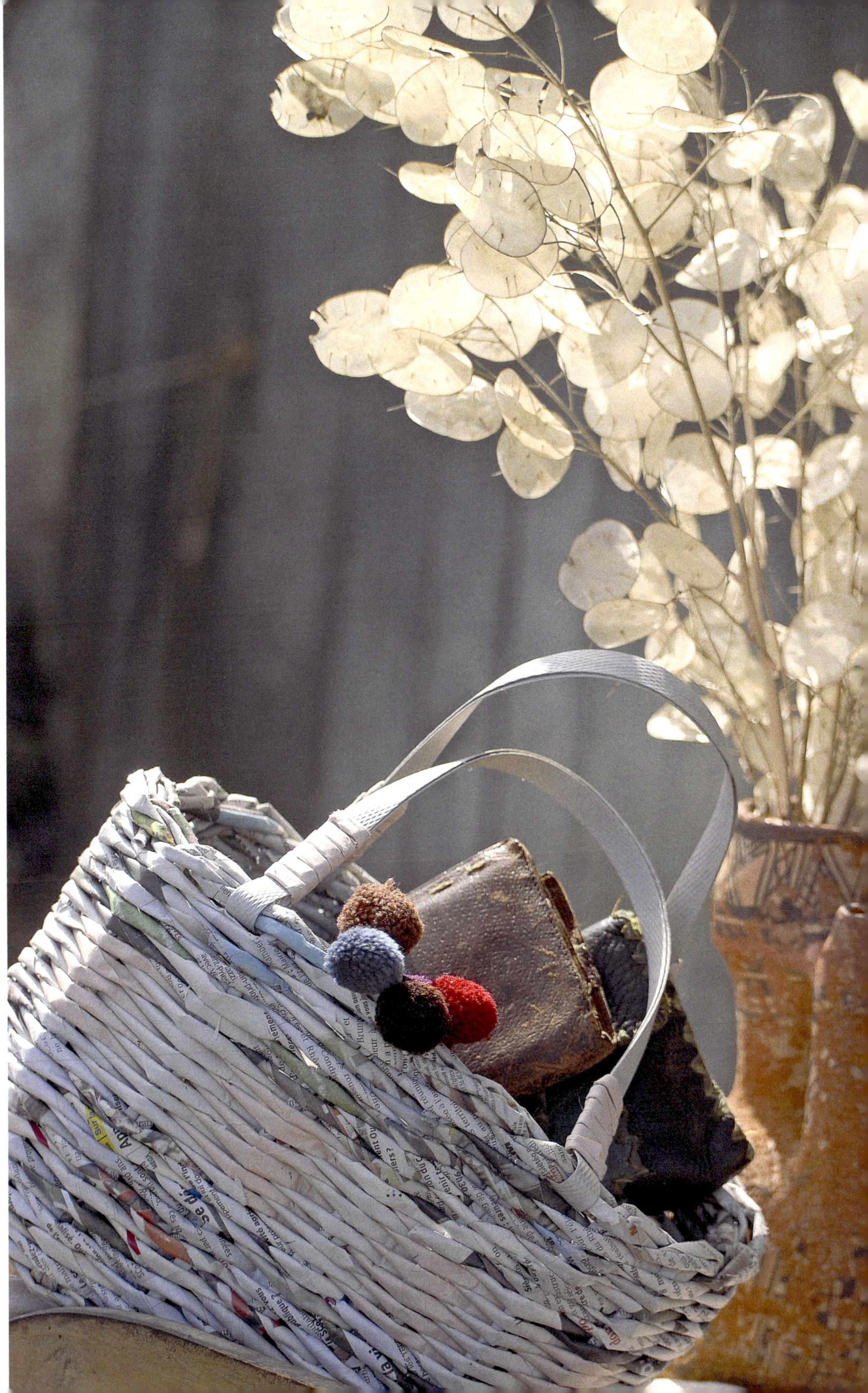

Das Material

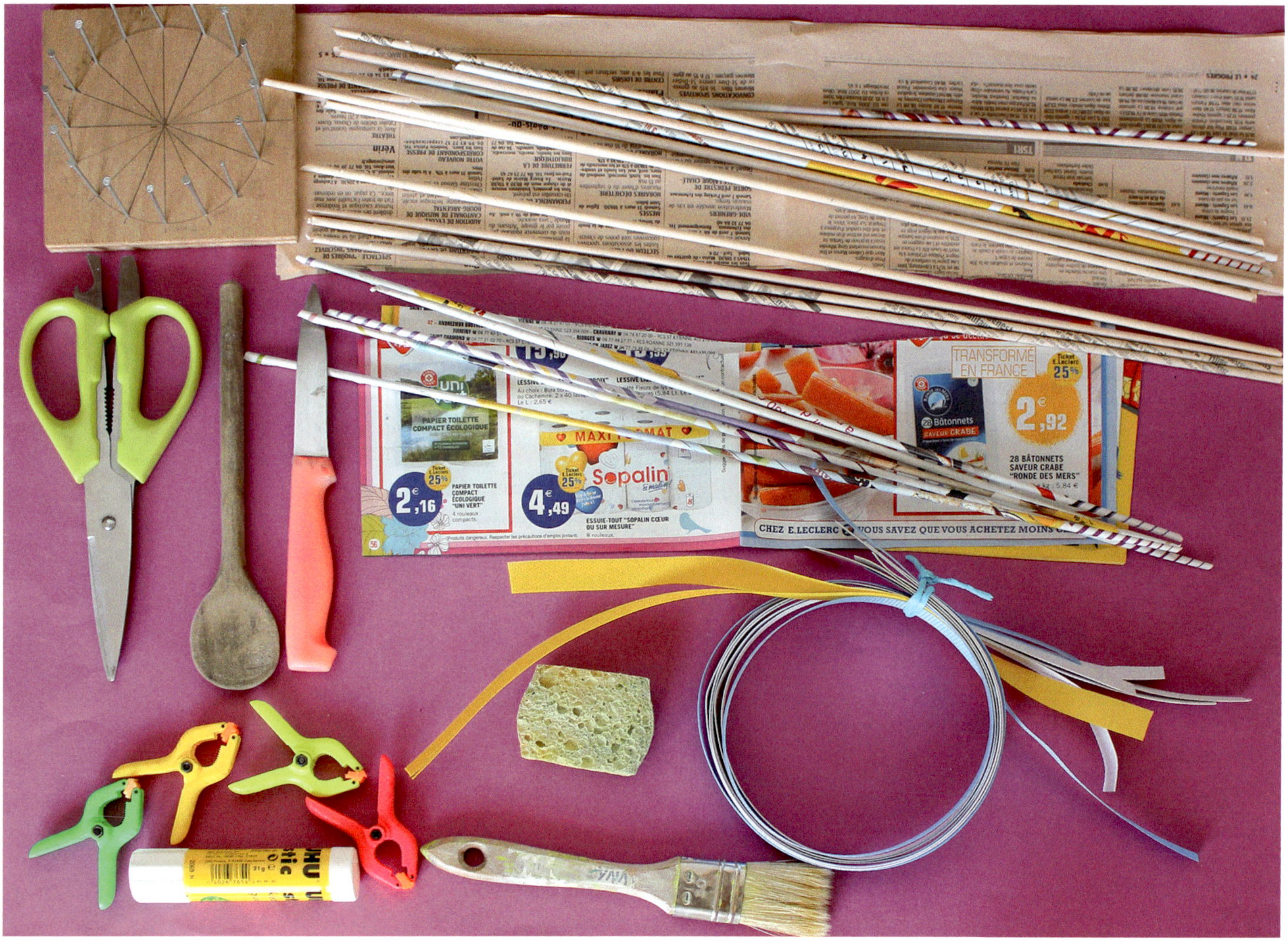

Für die Herstellung der Gegenstände in diesem Buch brauchen Sie diese Materialien und etwas Werkzeug, das Sie sicher in Ihrer Umgebung, bei der Arbeit oder zu Hause finden. Insofern ist es eine Freizeitbeschäftigung, die wenig kostet...

Es werden gebraucht:

- Zeitungspapier
- große Werbezettel und/oder möglichst großformatige Zeitschriften
- verschiedenfarbige Kunststoff-Verpackungsbänder
- eine Schere
- ein Holzlöffel
- ein stumpfes Messer
- Heft-Klammern
- Schwamm
- Klebestift
- ein Pinsel, 4 cm breit
- Acryl-Farbe
- Holzlasur
- Acryl-Lack (wasserlöslich)
- Hilfskonstruktion für den Sternboden (vgl. Seite 9)

Grundregeln und Empfehlungen

Ordnen der Rollen

Die aus den Papierbögen hergestellten Rollen (s.u.) sollten zur Zwischenlagerung hingelegt und nicht gestellt werden, so dass die Rollenenden nicht eingedrückt werden und sich beim Flechten problemlos auf das auslaufende Ende der vorhergehenden Rolle aufstecken lassen.

Ordnen der Bänder

Rollen Sie die Kunststoffbänder auf, um zu verhindern, dass sie knicken, und um bestehende Knickstellen zu glätten.

Länge der Rollen

Zur Herstellung der Papierrollen habe ich hauptsächlich zwei Sorten Papier verwendet:

- Zeitungspapier, das einzelne Rollen von ca. 50 cm Länge ergibt,
- Reklamepapier, das etwas kürzere Rollen von ca. 40 cm Länge ergibt.
- Die Länge derVerpackungsbänder aus Kunststoff schwankt je nach Herkunft.

Für die Staken des Geflechtes sollten dickere und festere Bänder (ca. 1 mm dick) verwendet werden, für die Seitenwände sind feinere Bänder besser geeignet.

Schneiden Sie die Bänder zurecht und waschen Sie sie in Seifenwasser.

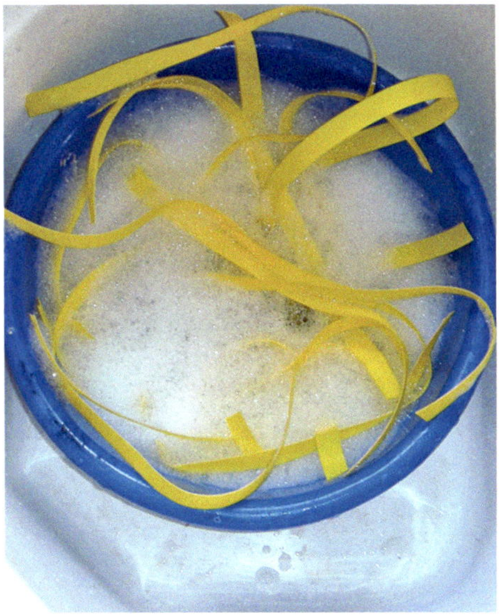

Arbeitsprinzip

Flechten kann man entweder auf einem Tisch oder auch auf den Knien (am besten auf einem Tuch, um die Kleidung vor abfärbender Druckerschwärze zu schützen).
Grundsätzlich führt man mit der rechten Hand die Papierrollen mit leichtem Zug vor und hinter den Staken hindurch, während die linke Hand mit gespreizten Fingern (wie ein Kamm) die Arbeit festhält und gleichzeitig zusammendrückt, um „Löcher" im Geflecht zu verhindern. Linkshänder vertauschen einfach die Funktionen der linken und rechten Hand.

Bemalung

Um Ihre Arbeit farbig zu gestalten, benutzen Sie eine Wandfarbe, z.B. einen Rest, den Sie vom Renovieren eines Zimmers übrig haben. Acryl-Wasserfarben sind in zahlreichen Geschäften erhältlich, sie kosten wenig, und die Pinsel lassen sich mit Wasser ausspülen.
Bemalen sollten Sie Ihre Körbe im Freien oder in einem gut belüfteten Raum und dabei nicht in der Nähe von Lebensmitteln arbeiten.

Maße

Die bei den jeweiligen Arbeiten angegebenen Maße sind abhängig von der Größe und der „Form", die Sie benutzen, aber auch von der Länge der Rollen.

Allgemeine Arbeitstechniken

Anfertigung der Papierrollen

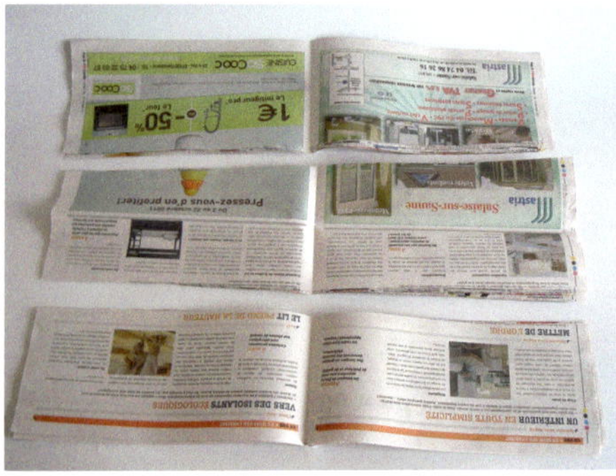

Einen Zeitungsbogen aufschlagen und quer in drei gleichbreite Streifen schneiden.
Das Papier mit Hilfe eines Holzstäbchens (Schaschlik) oder einer Stricknadel Nr. 2 einrollen; dabei links unten anfangen, etwa in einem Winkel von 30°.

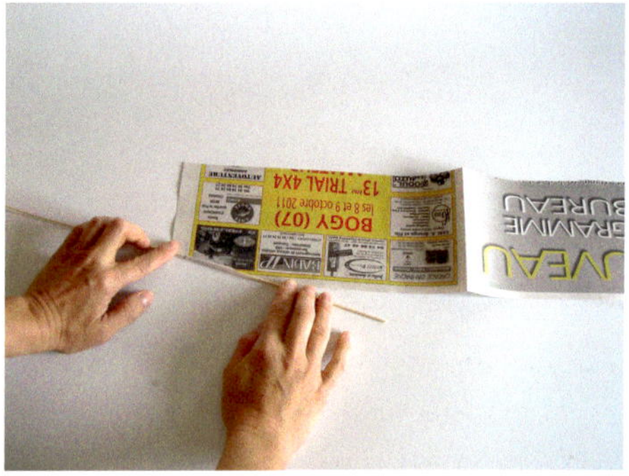

Sie sollten beim Rollen mit den Fingerspitzen einen gewissen Druck ausüben, um ein Aufspringen der Rolle zu verhindern. Das Papier über die gesamte Länge der Zeitung zusammenrollen. Dabei das Ende oben rechts mit dem Klebestift ankleben; anschließend das Holzstäbchen herausziehen.

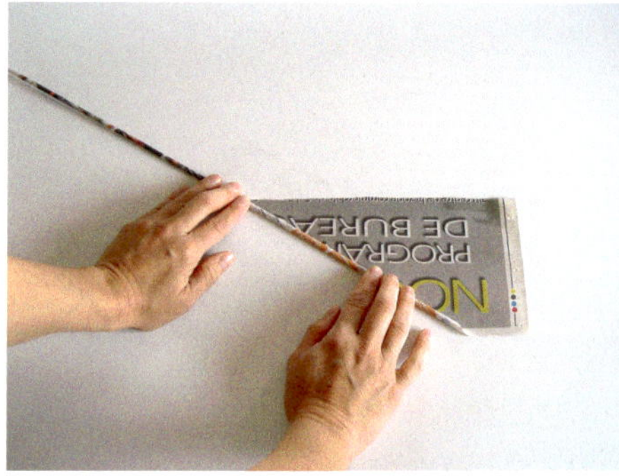

Die Rolle hat außen nun die Farbe der Papier-Rückseite.
Fertige Rollen vorsichtig beiseite legen; die Enden sollten offen bleiben, damit sie sich später während des Flechtens einfach auf das Ende der gerade eingeflochtenen Rolle aufstecken lassen und man den Flechtstrang so Rolle um Rolle verlängern kann.

Herstellen von langen Rollen

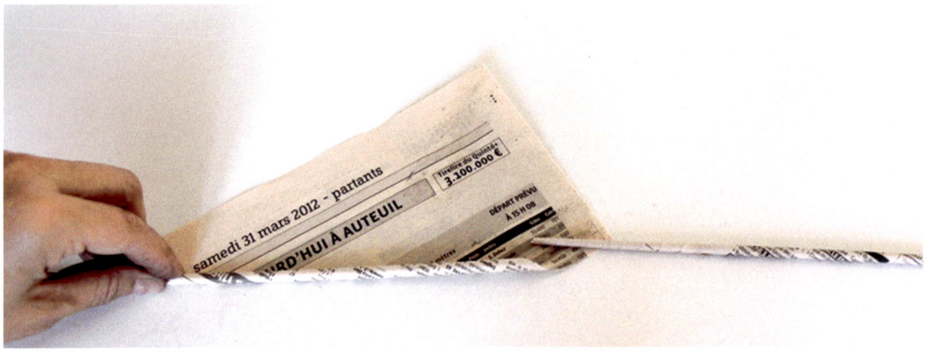

Die erste Rolle aufrollen und verkleben. Eine zweite Rolle zu ¾ zusammenrollen. Sodann die rechte Seite des Papiers mit Klebstoff bestreichen und das Ende der ersten Rolle in die 2. Rolle einschieben. Nun die 2. Rolle fertigrollen. Diese längeren Rollen werden als Staken benutzt. Zum Flechten benutzt man die kürzeren Rollen, die sich einfacher handhaben und während der Arbeit verlängern lassen.

Verlängern der Rollen

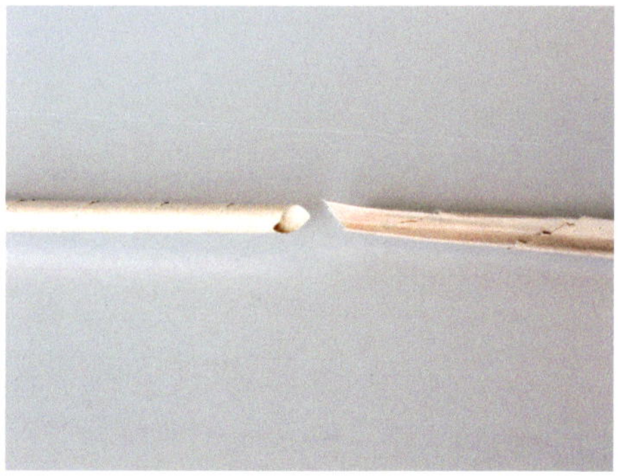

Um den Flechtstrang zu verlängern, wird das offene Ende mit einer drehenden Bewegung 3 - 4 cm auf das vorhergehende Ende geschoben. Das geht leichter, wenn man das einzusteckende Ende flach drückt und in Längsrichtung knickt.

Der runde Boden

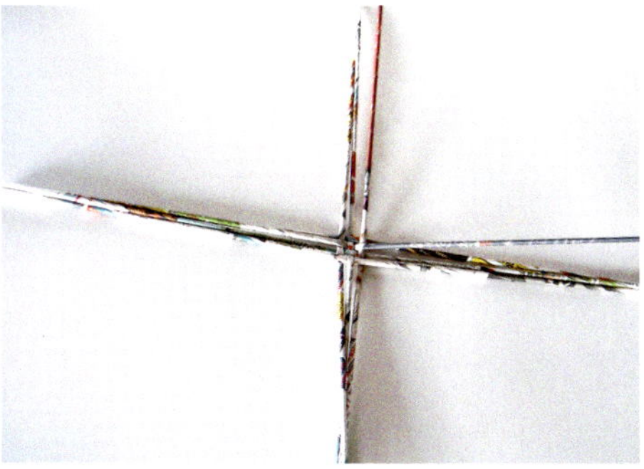

Der runde Korbboden ist die einfachste Art, einen Korb zu beginnen. Je nach Größe braucht man dafür viele Papierrollen.
Für die 14 Staken wird an sieben langen Rollen jeweils die Mitte markiert; um diese Mitte herum werden drei vertikale und vier horizontale Rollen als Staken durch Unter- und Übereinanderlegen miteinander verflochten.

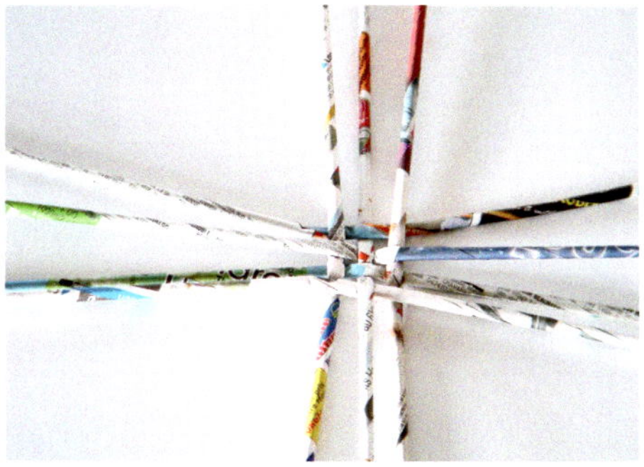

Um das Bodengeflecht zu stabilisieren, hilft es, die Mitte der Rollen mit den Fingerspitzen etwas flach zu drücken.

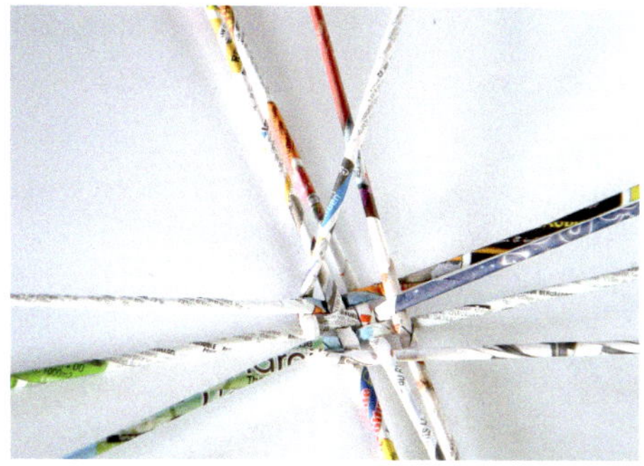

Beim nun folgenden Flechten werden die Rollen nach und nach gleichmäßig auseinander gebogen.

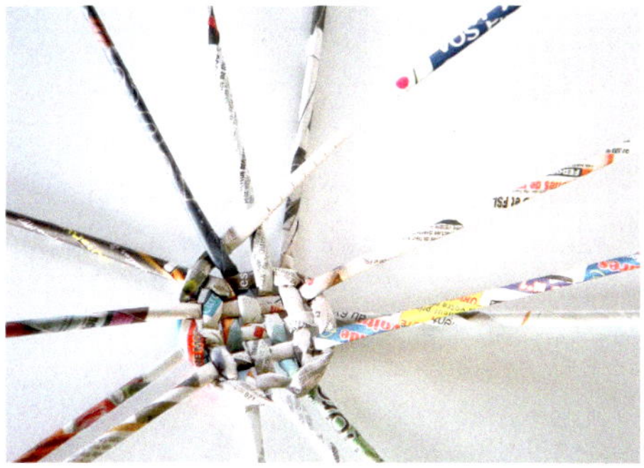

Zum Flechten wird eines der 14 Rollenenden als Flechtstrang unter und über die übrigen Staken geführt. Diese Flechtbewegung wird weitergeführt und der Flechtstrang durch Aufschieben neuer Rollen immer wieder verlängert, bis der Boden die gewünschte Größe hat.

Der Sternboden

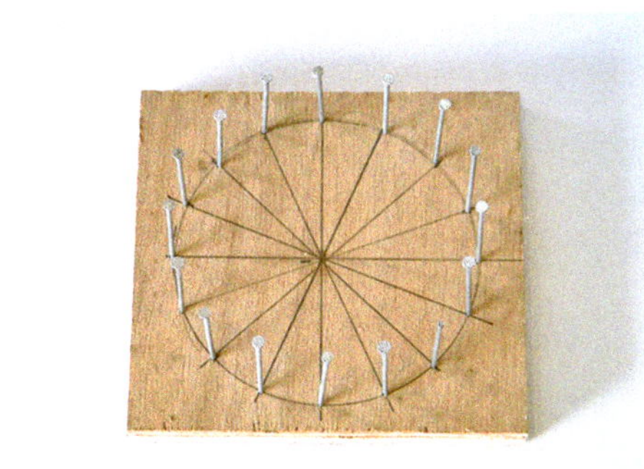

Hilfskonstruktion
Zur Herstellung eines Sternbodens ist diese Hilfskonstruktion praktisch. Auf ein Holzbrettchen wird ein Kreis mit 5 cm Radius gezeichnet. Darauf werden durch gleichmäßige Teilung 16 Punkte markiert und dort Nägel eingeschlagen.

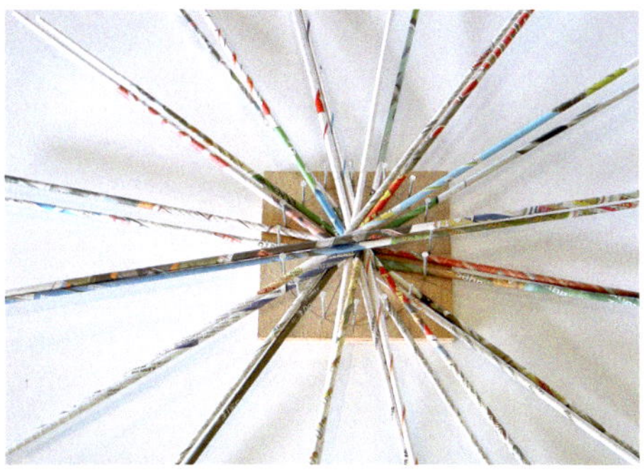

Herstellung des Sternbodens
Zwischen die Nägel werden 2 x 8 Rollen im Uhrzeigersinn paarweise eingelegt. Um die Anordnung zu stabilisieren, hilft es, die Rollen in der Mitte mit dem Finger flachzudrücken.
Mit einer langen Rolle wird nun das

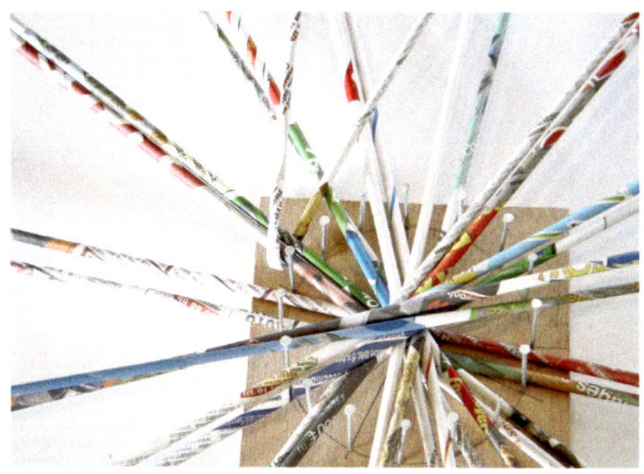

Flechten bzw. Fitzen begonnen. Um zu vermeiden, dass die Verlängerungen später stets an der gleichen Stelle liegen, sollte die erste Flechtrolle etwas außermittig angesetzt werden. Beim Fitzen wird ein Doppelstrang wechselweise jeweils unter und über die Staken geführt.

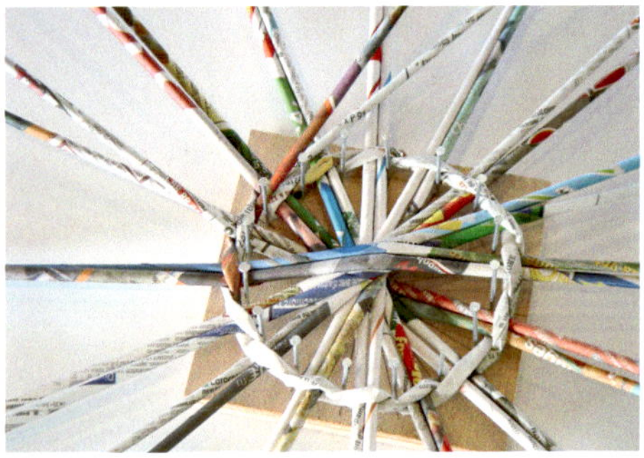

Beim Einflechten sollten die Flechtstränge immer wieder gut an die Nägel gedrückt werden.

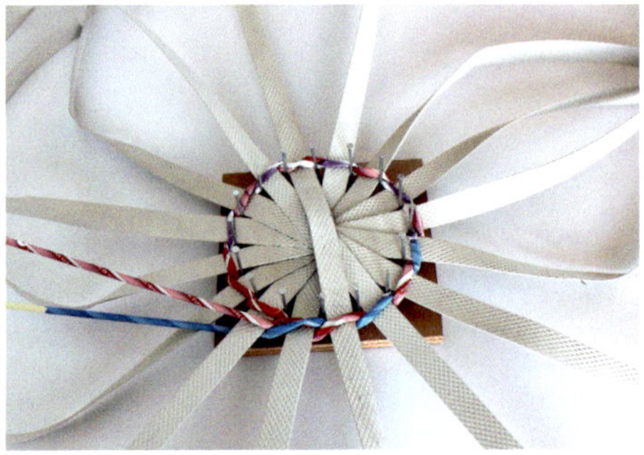

Überzeugen Sie sich, dass die Flechtstränge schön fest Seite an Seite liegen. Flechten Sie weiter, bis der Boden den gewünschten Durchmesser erreicht hat. Bei diesem Bodentyp können Sie wahlweise mit einem oder auch mit zwei Flechtsträngen arbeiten. Für die Staken eignen sich Kunststoffbänder sehr gut.

Boden aus Kunststoffbändern

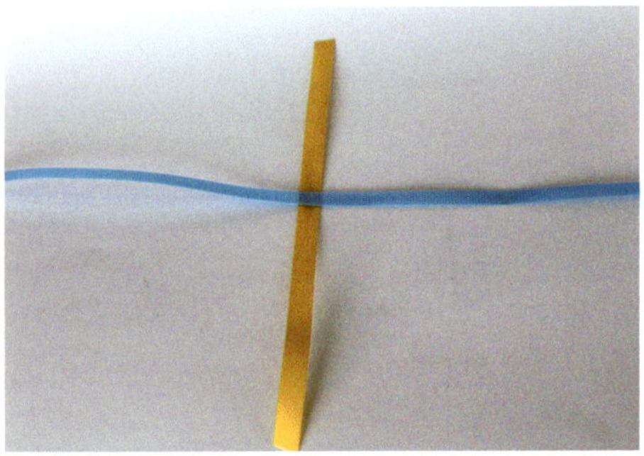

Der Anfang, dargestellt mit kurzen gelben Bändern (Breite) und langen blauen (Länge): Auf der Arbeitsfläche wird ein blaues Band quer über ein gelbes gelegt.

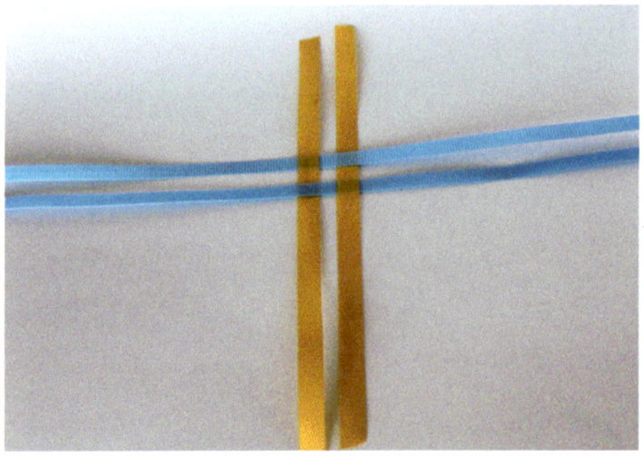

Die nächsten beiden Bänder werden jeweils unter und über die bestehenden gelegt. Der Zwischenraum sollte etwa so groß sein wie die Breite der Bänder.

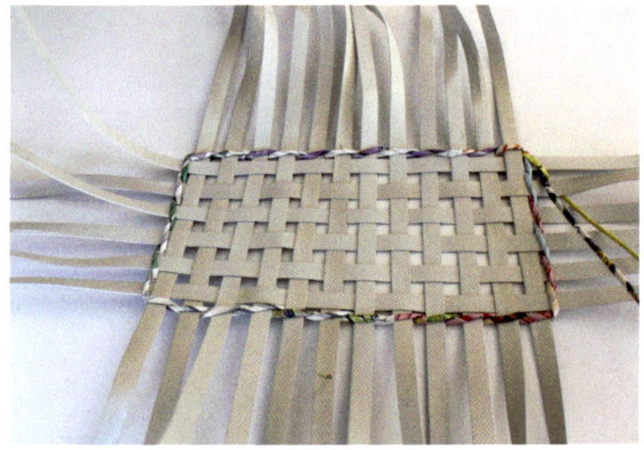

Dieses Prinzip des Anflechtens wird weitergeführt, bis der Boden die gewünschte Größe hat. Um abgerundete Ecken zu erhalten, werden nach Fertigstellung des Bodens und der ersten Flechtrunde 4 angespitzte Bänder an den Ecken in das Bodengeflecht gesteckt.

Einfaches Flechten einer Korbwand

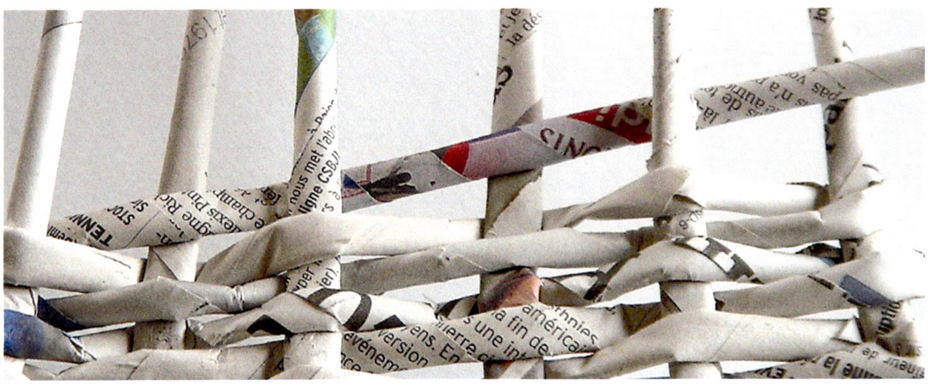

Das Flechten der Korbwand mit nur einem Flechtstrang ist die einfachste Form des Flechtens.
Um mit dem Flechten zu beginnen, wird der Flechtstrang hinter einer Stake angesetzt und dann immer abwechselnd vor und hinter den Staken durchgeführt. Um das Flechten zu beenden, sollte der Flechtstrang hinter eine Stake enden.

Sich nach oben verjüngendes Flechten

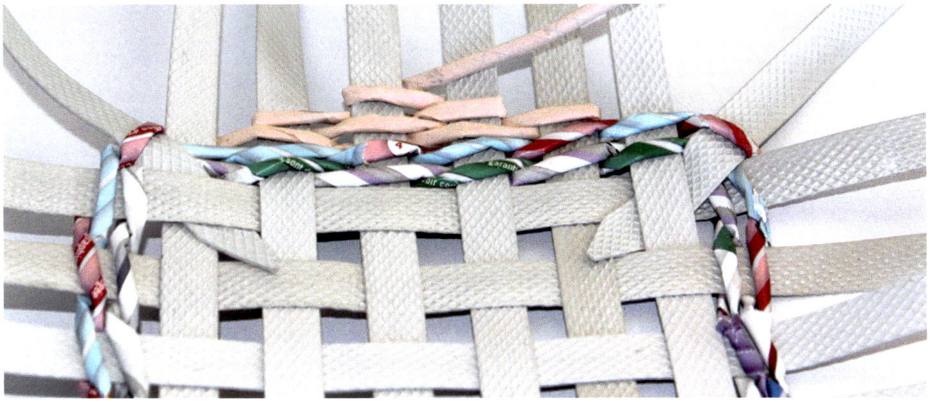

Um eine sich nach oben verjüngende Form zu erzielen, wird bei jeder Reihe eine Stake weniger mit dem Strang umflochten.
In diesem Bild ist übrigens das Einstecken der Eckstakengut zu sehen.

Fitzen

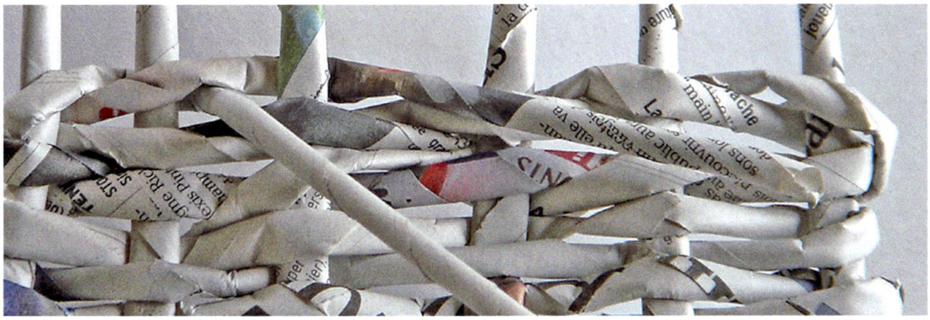

Beim Fitzen werden 2 Flechtstränge gegenläufig um die Staken herumgeführt. Dadurch erhält das Geflecht mehr Volumen und eine höhere Festigkeit.
Hier wird von links nach rechts gearbeitet (für Linkshänder umgekehrt): der linke Flechtstrang wird vor der Stake vorbei über den rechten Flechtstrang geführt, hinter die nächste Stake gesteckt und von dort wieder nach vorn geführt.

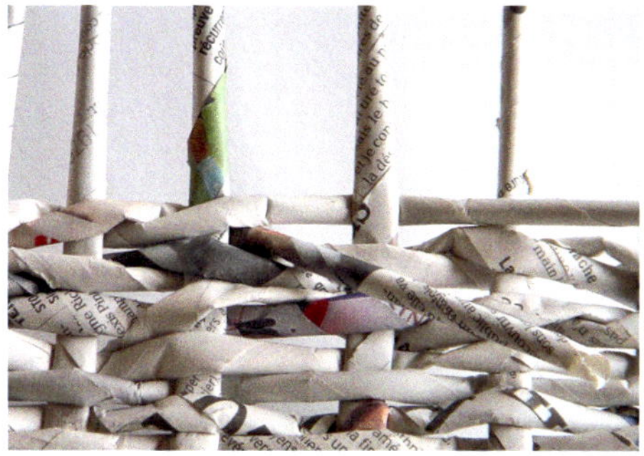

Anschließend verfährt man in gleicher Weise mit dem zweiten Flechtstrang.
Die Stränge kreuzen sich jeweils im Zwischenraum.

Papierknöpfe

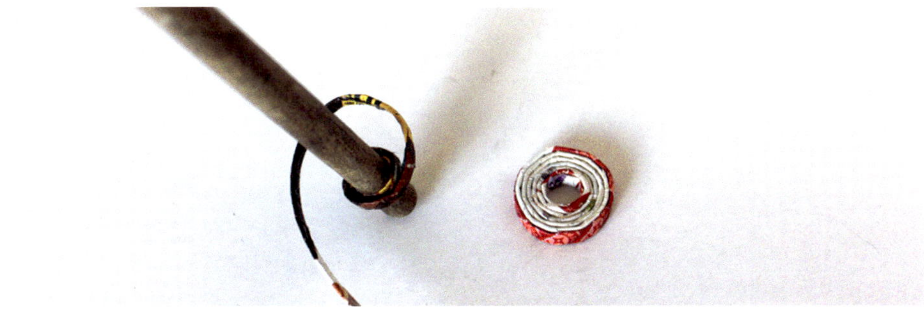

Eine Papierrolle wird der Länge nach zwischen den Fingern flachgedrückt. Nach Bestreichen des Stranges mit Klebstoff wird dieser um einen Löffelstiel gewickelt.

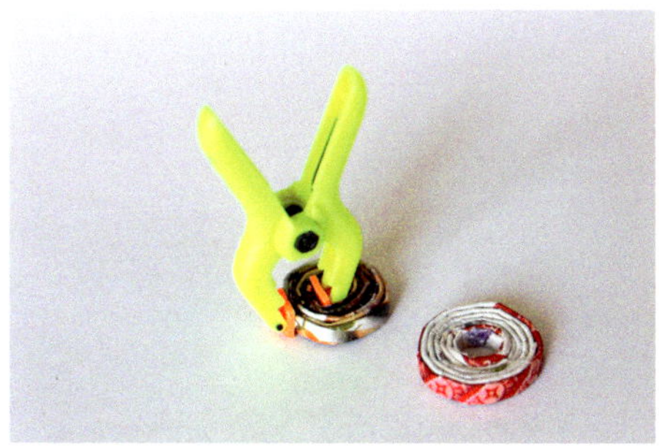

Vor dem Abziehen vom Stiel sollte das Ende der Rolle gut festgeklebt werden.

Der einfache Abschluss in zwei Schritten

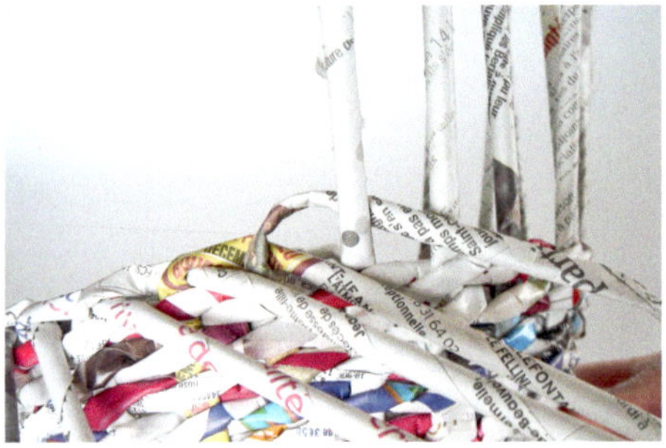
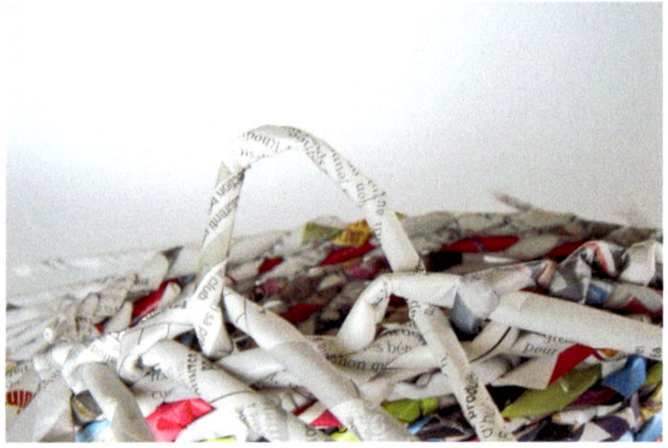
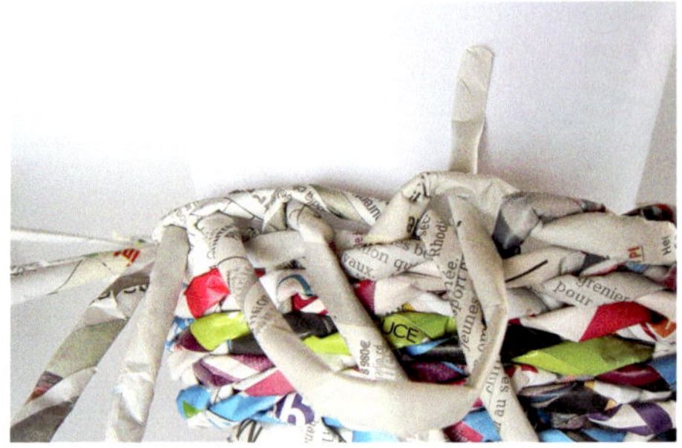

So wird der einfache Rand in zwei Schritten gearbeitet: Nacheinander wird von links nach rechts jede Stake hinter der danebenliegenden Stake nach vorn geführt, so dass alle Staken nach außen zeigen. Die letzte Stake wird unter der ersten umgebogenen Stake durchgesteckt. Nun werden die Staken der Reihe nach innen durchgesteckt, wobei sie je nach gewünschter Form an ein oder zwei Staken vorbeigeführt werden können.

Der Zickzack-Abschluss

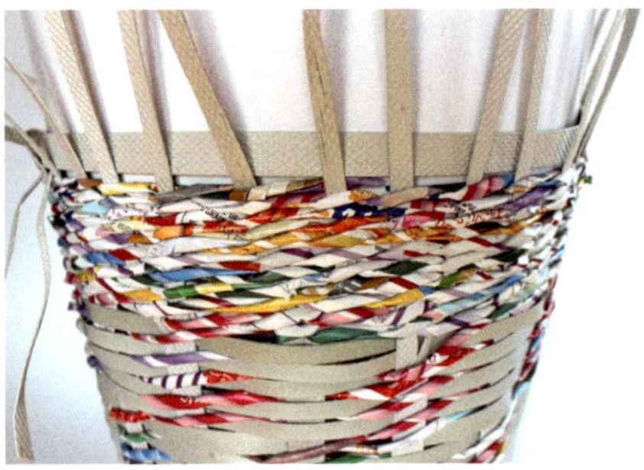
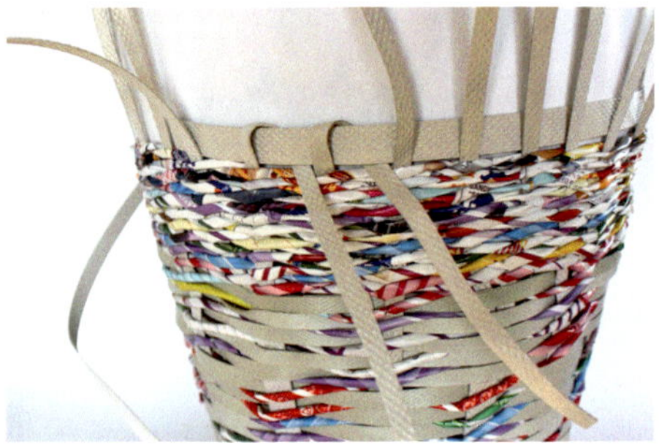
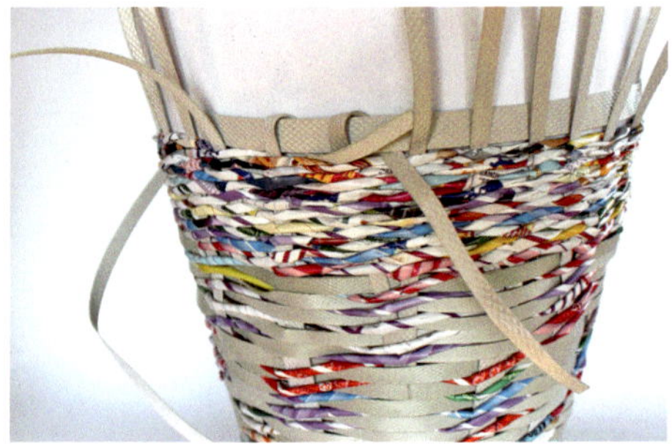

Dieser dekorative Rand lässt sich gut mit Bändern als Staken ausführen. Anfang und Ende des oben eingelegten Bandes sind auf der Innenseite des Korbes bzw. der Staken mit einer Klammer fixiert. Zwei Stakenenden werden nach Innen um dieses Band herumgewickelt. Das erste (linke) Stakenende wird nun hinter das noch nicht eingerollte Band gesteckt und bündig abgeschnitten.

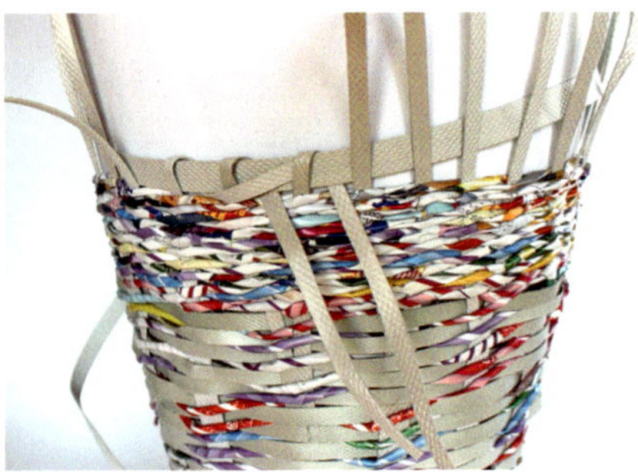
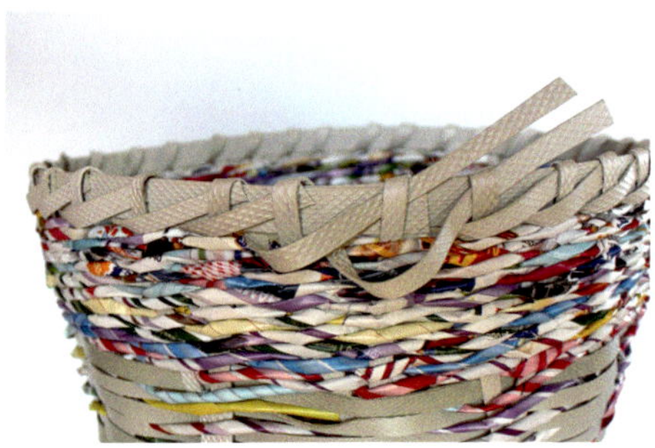
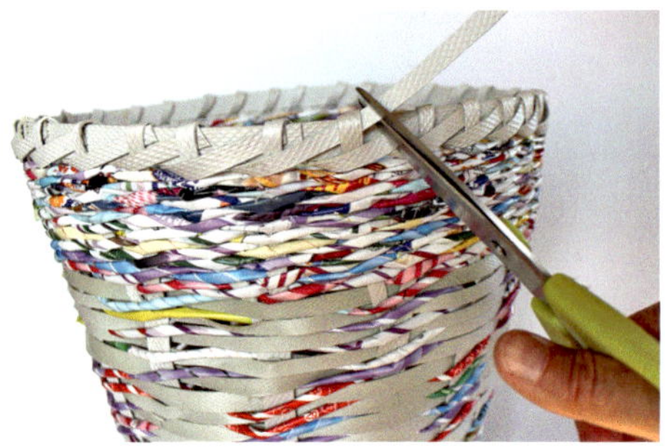

Das dritte Stakenende wird nun herumgewickelt, während das zweite Band abgeschnitten und festgesteckt wird. Mit allen folgenden Bändern wird so weiter verfahren, bis die beiden letzten Bänder in den Rand gesteckt werden. Zum Schluss werden die letzten Bänder mit der Schere abgeschnitten.

Die Henkel

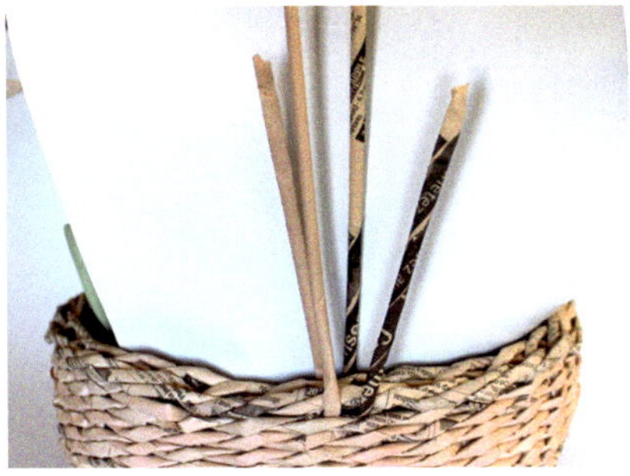

Zwei Papierrollen werden außermittig geknickt und miteinander unter dem Rand durchgezogen, so das ein kürzeres Ende nach innen und ein längeres nach außen zeigt.

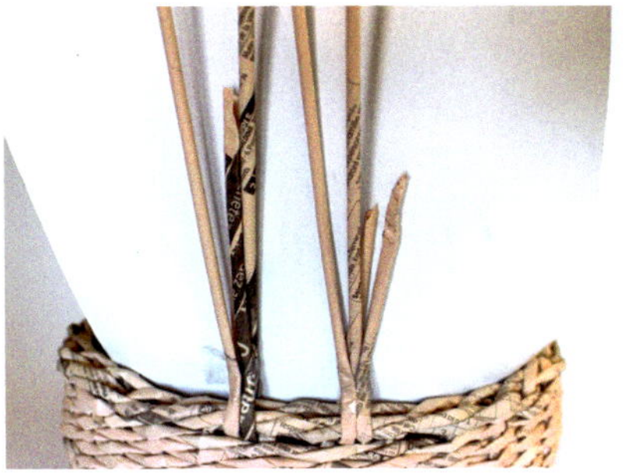

In gleicher Weise wird ein zweites Paar Papierrollen mit etwas Abstand platziert. Mit etwas Klebeband werden die Rollenpaare provisorisch fixiert.

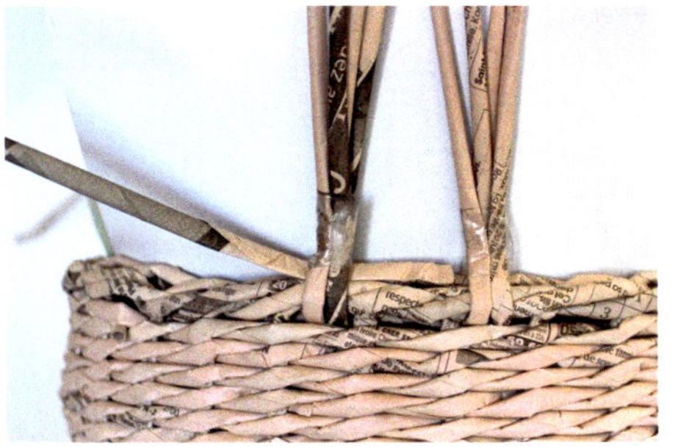

Eine weitere Papierrolle wird als Flechtstrang flach gedrückt und das Ende in den Henkelansatz geklemmt.

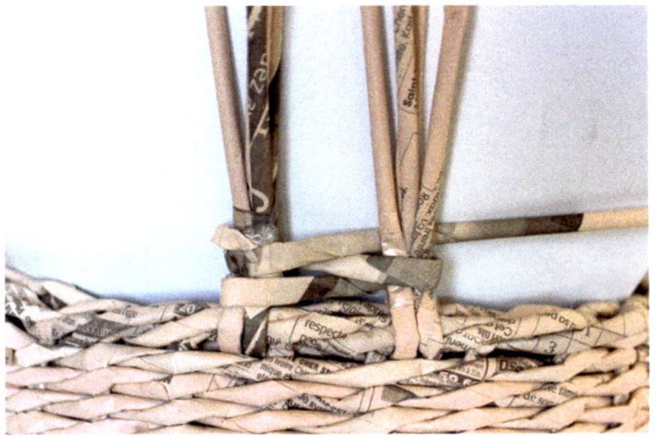

Nun werden die beiden Henkelansätze abwechselnd umwickelt.

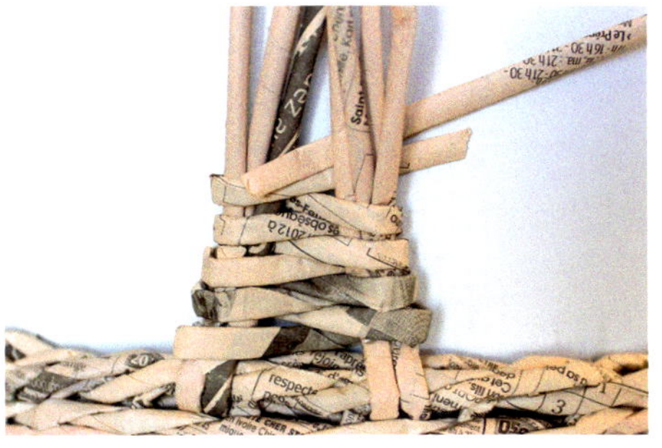

Nach und nach werden neue Papierrollen angefügt und festgesteckt. Beim Weiterarbeiten die Flechtarbeit immer wieder schön festziehen.

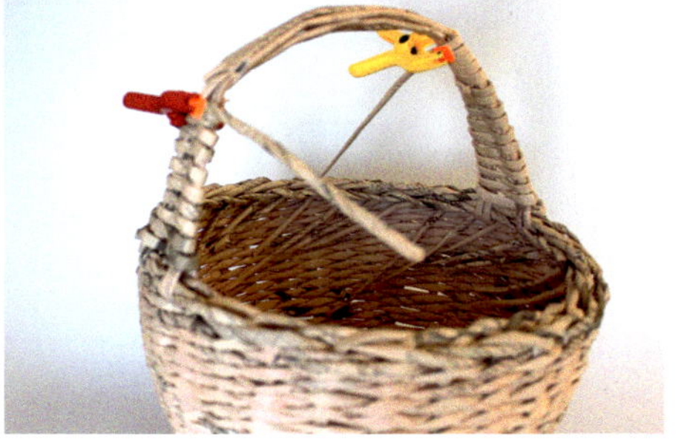

Die Henkelansätze auf der anderen Seite werden in gleicher Weise gearbeitet. Anschließend können die beiden Henkelteile oben mit Klebestoff fixiert und umwickelt werden. Um die Flechtarbeit zu beenden, werden die Strangenden in das Geflecht gesteckt und verklebt.

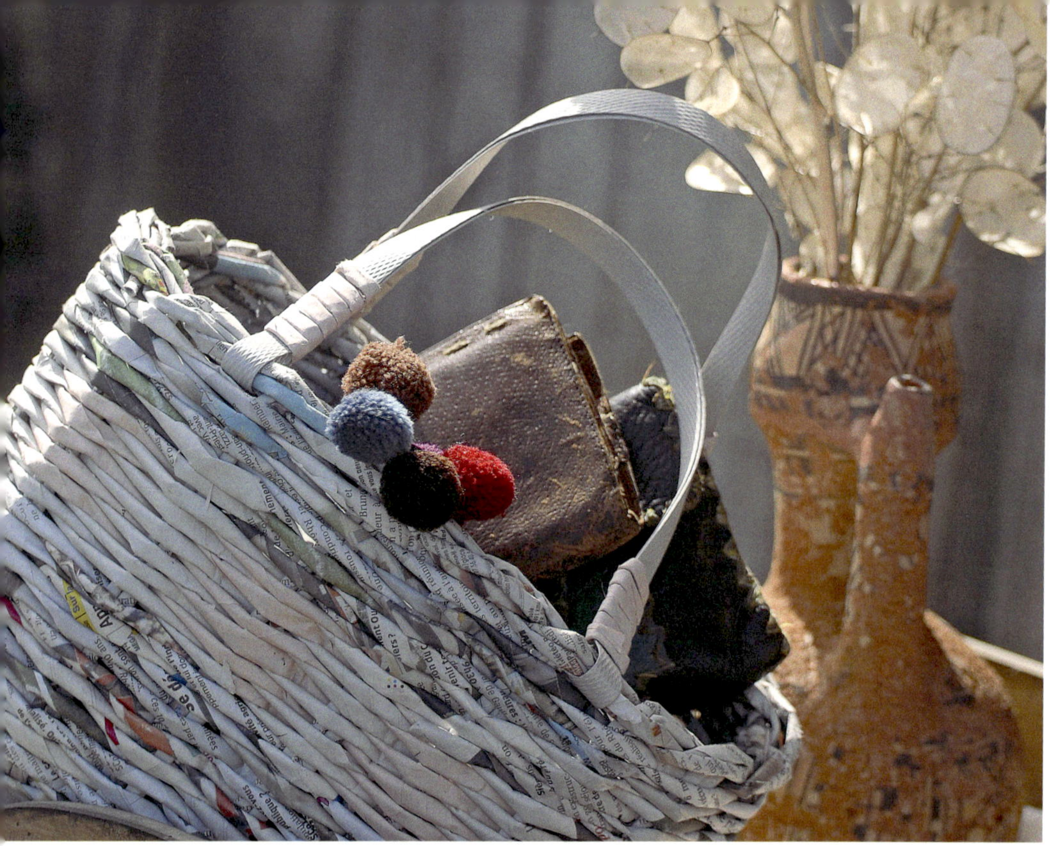
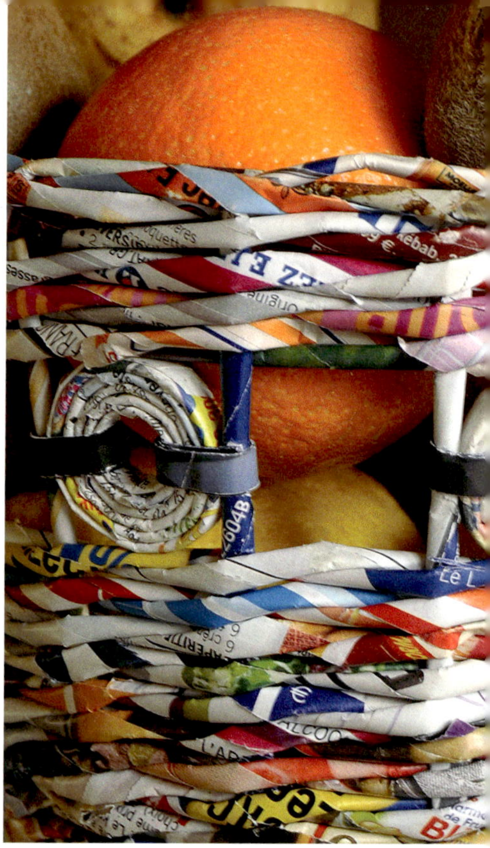
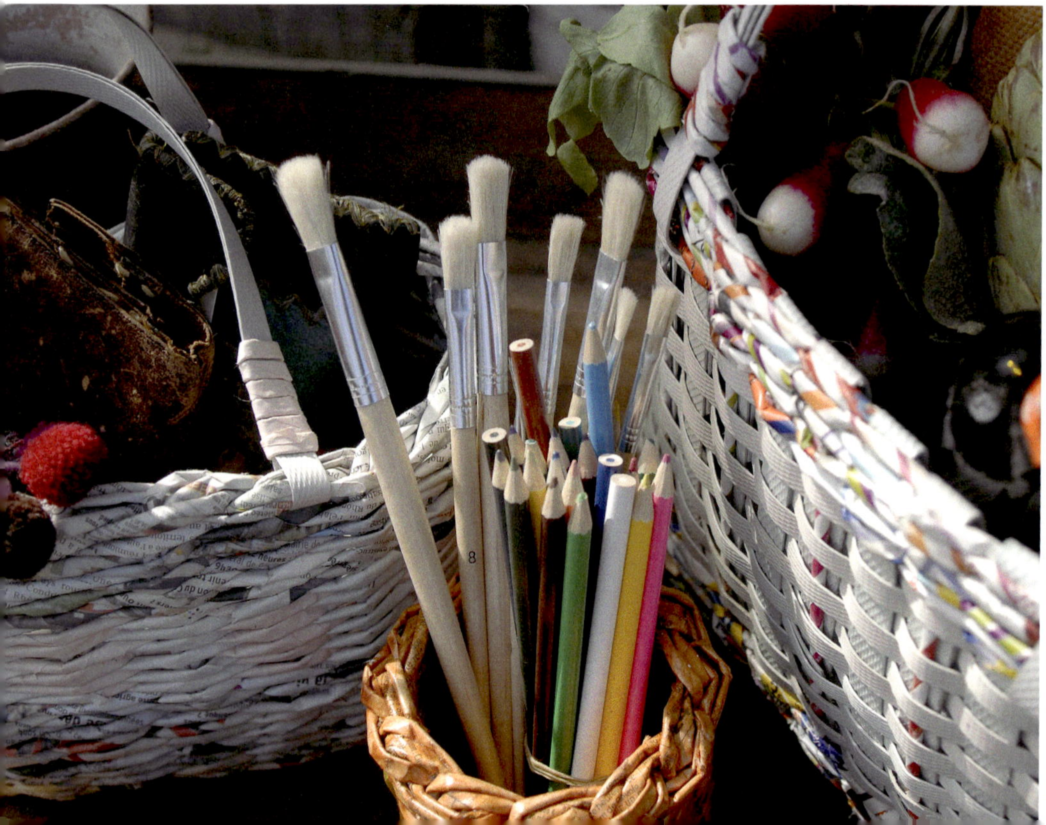
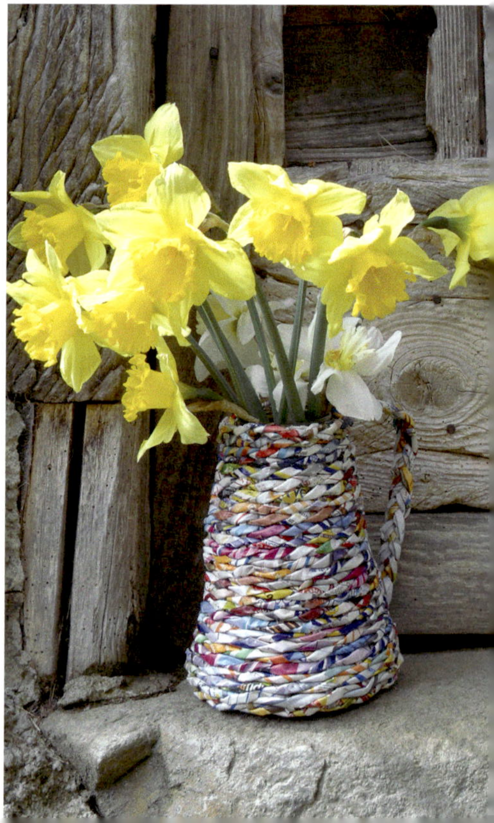

Flecht-Projekte
Schritt für Schritt

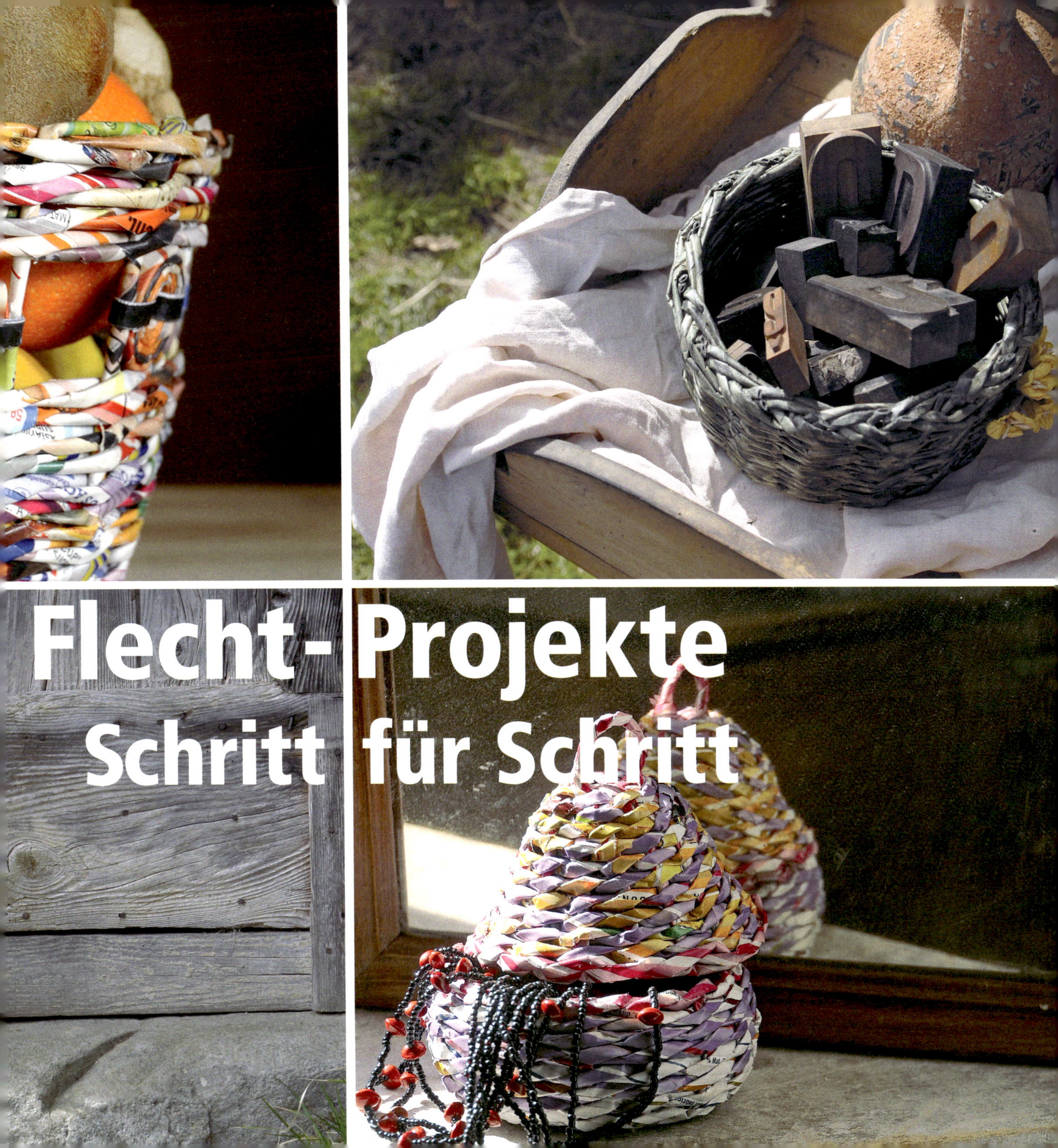

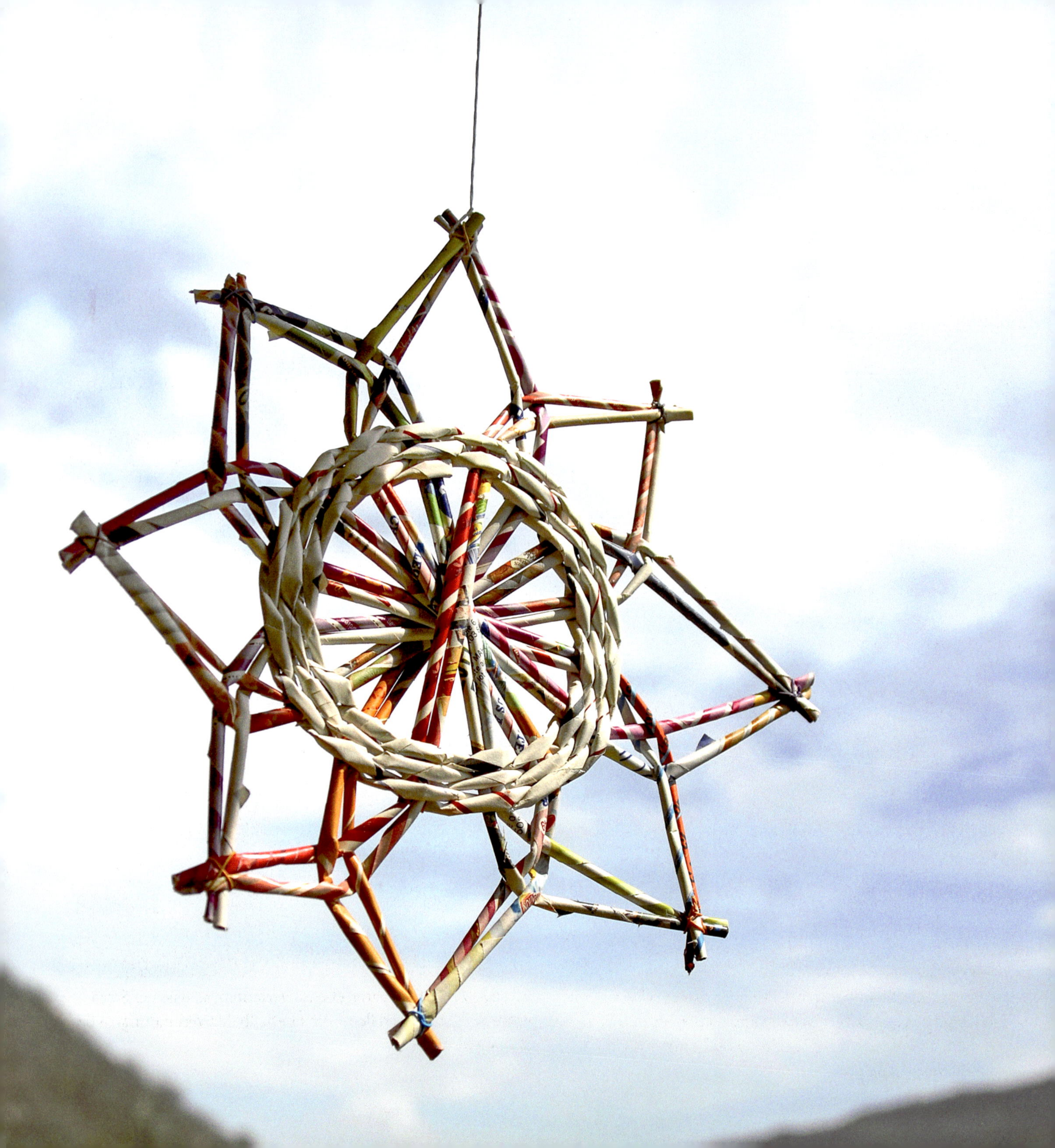

Stern

Größe des fertigen Objekts: Durchmesser 30 cm

Material
- 16 lange Rollen aus Reklamepapier
- 9 kürzere Rollen aus Reklamepapier
- Ein Stück Telefonkabel, der feinen Drähte wegen

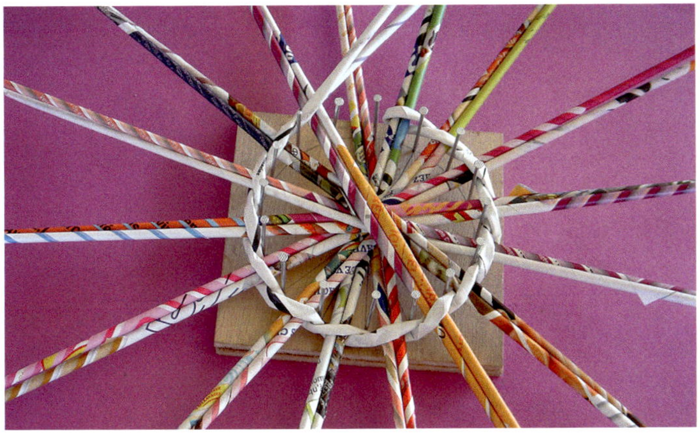

Für den Sternboden 8 Paar Papierrollen in der Hilfskonstruktion auslegen (vgl. Erklärung Seite 9). Außen herum drei Runden fitzen, so dass ein Kreis mit 14 cm Durchmesser entsteht.

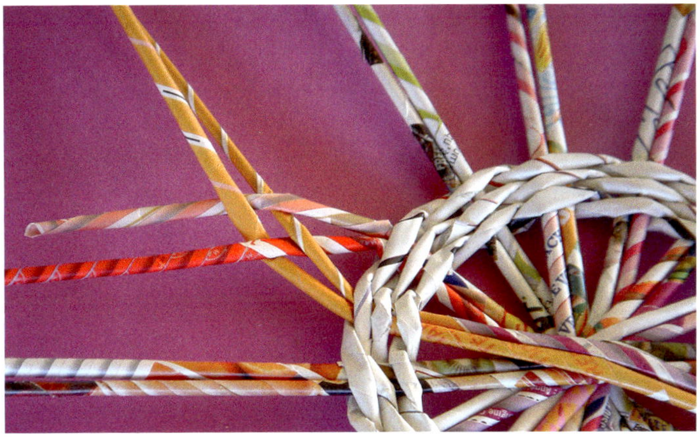

Jeweils zwei nebeneinander liegende Stakenpaare von rechts und links einmal miteinander verflechten.

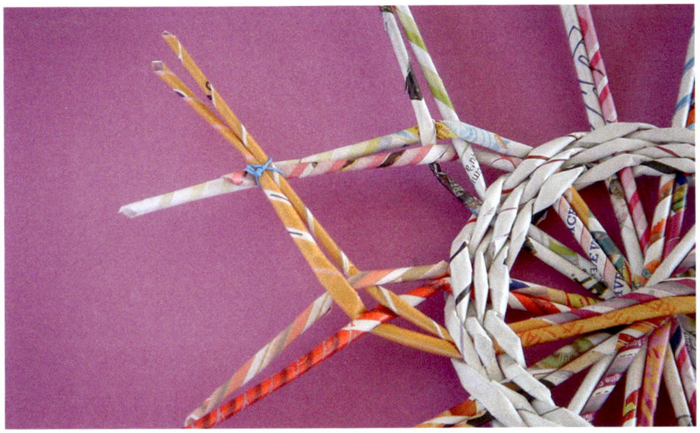

Mit den nächsten Stakenpaaren reihum genauso verfahren. Anschließend die abstehenden Stakenpaare von rechts und links zusammenführen und an der Kreuzungsstelle mit dünnem Telefondraht verbinden.

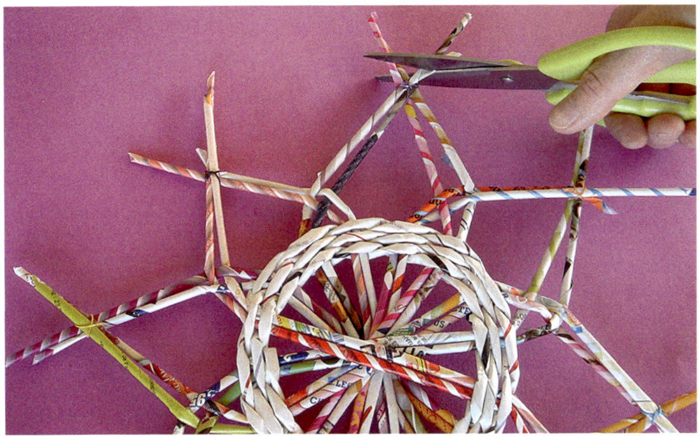

Mit den übrigen 7 Paaren ebenso verfahren, so dass ein Stern entsteht. Die Papierrollen 1 cm oberhalb der Verbindungsstelle abschneiden.

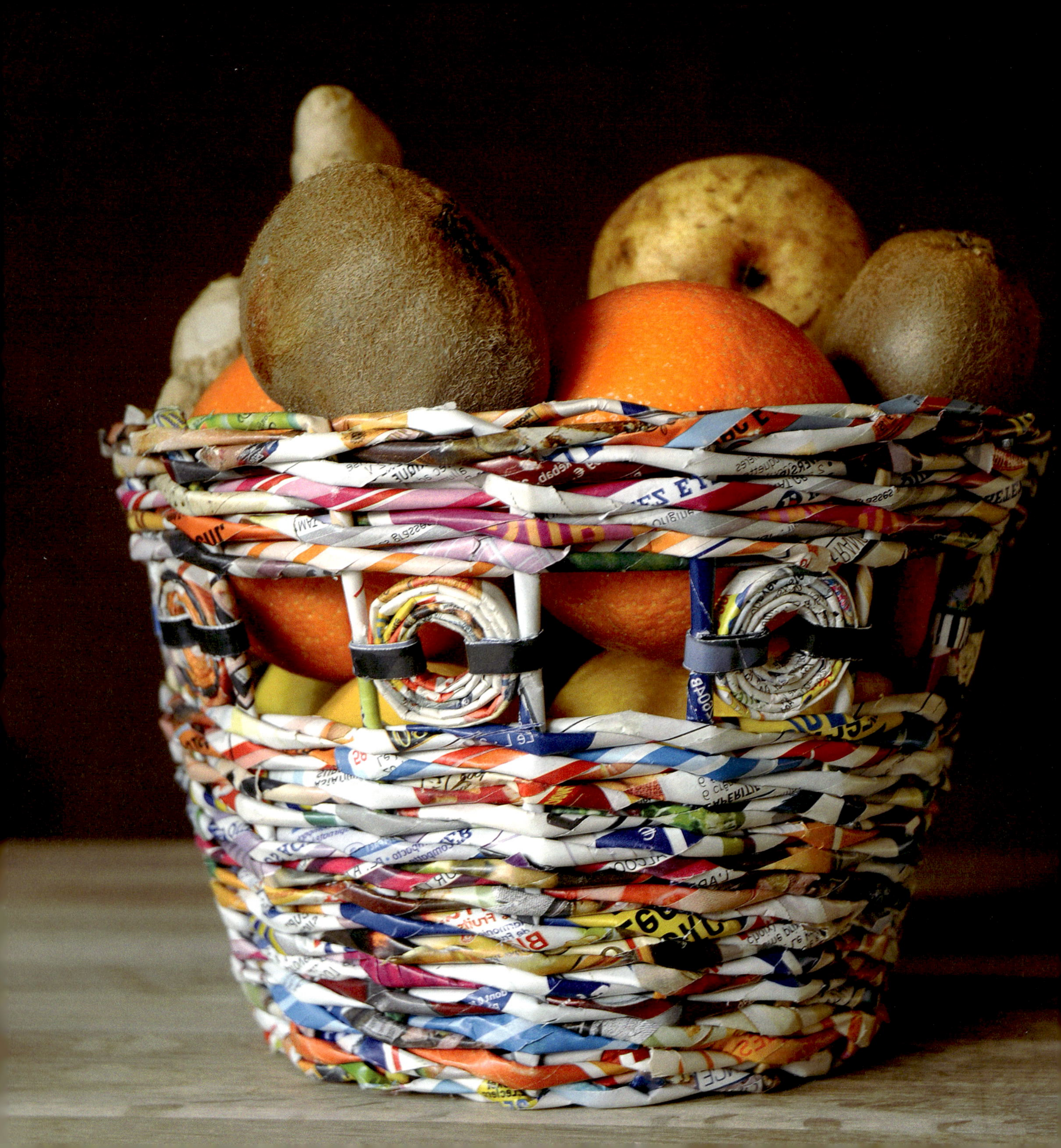

Obstkorb

Größe des fertigen Objekts: 15 cm Höhe, oberer Durchmesser 22 cm

Material

- 8 lange Rollen aus Reklamepapier für die Staken
- 42 Rollen aus Reklamepapier zum Flechten der Seitenwand und Anfertigen der Knöpfe
- Klebestift oder Holzleim
- Blumentopf oder Plastikschüssel als Form
- Holzlöffel

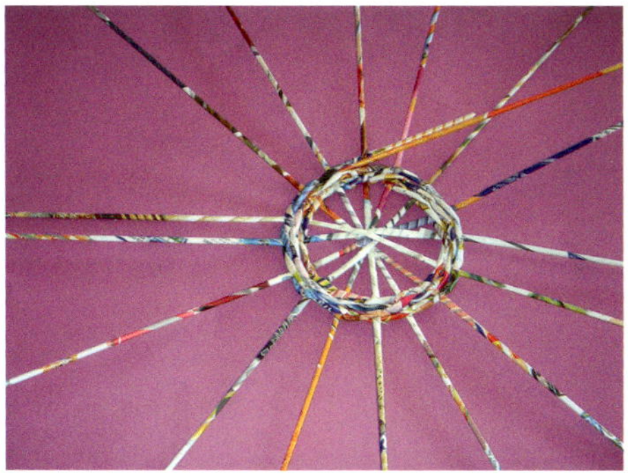

Boden

Aus 8 langen Rollen einen Sternboden legen, wie auf Seite 9 beschrieben.

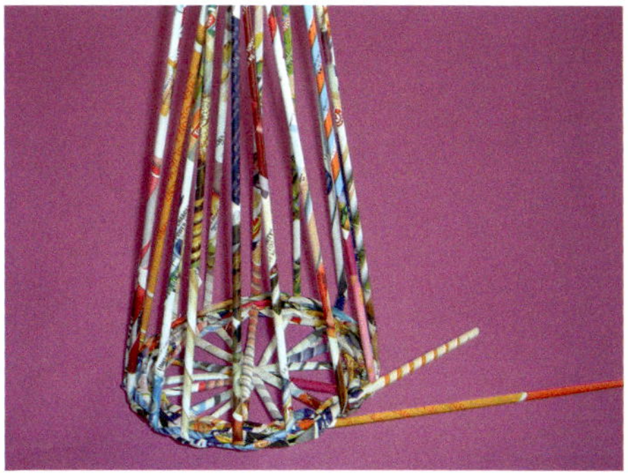

3 Runden fitzen, um einen Durchmesser von 13 cm zu erhalten.
Die Staken aufrichten.

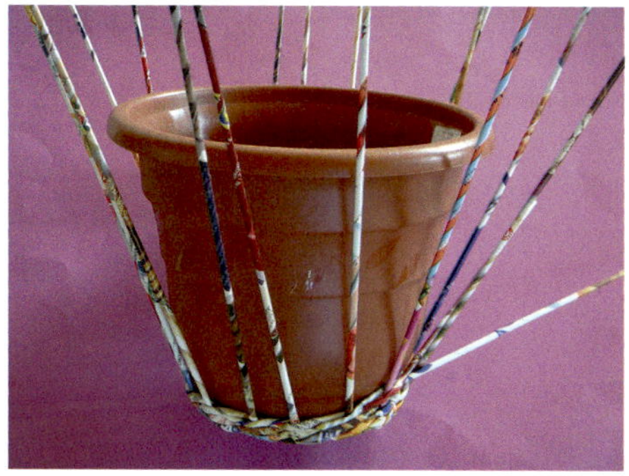

Seitenwand

Den Plastiktopf hineinsetzen und z.B. mit einem Gummiband festhalten.
Anschließend 13 Runden fitzen.

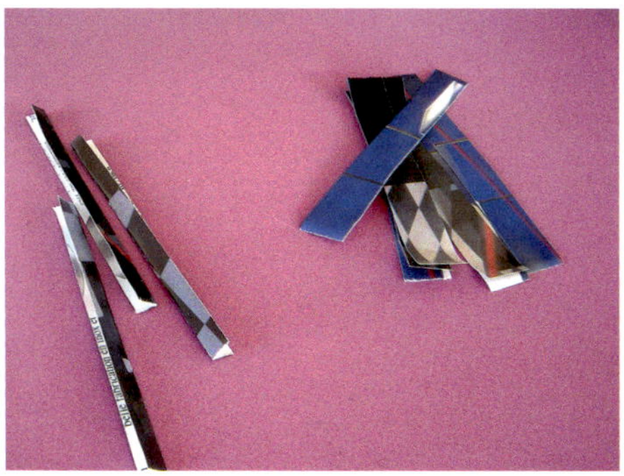

Knöpfe

Eine flachgedrückte Rolle um einen Holzlöffelstiel rollen und verkleben. Auf diese Art 8 Knöpfe herstellen. 16 Papierstreifen, 10 cm lang und 1 cm breit, schneiden. Der Länge nach zusammenfalten, um 0,5 cm breite Bändchen zu erhalten.

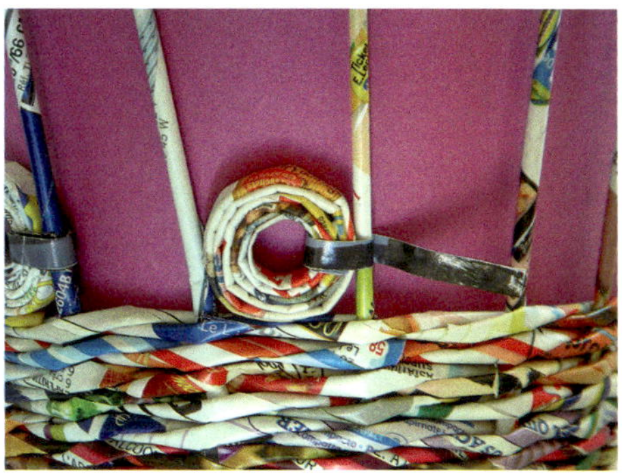

Jeweils einen Knopf zwischen zwei Staken mit den Papierstreifen festbinden. Mit den 7 anderen Knöpfen ebenso verfahren.

Das Flechten mit einer in zwei ungleiche Teile gefalteten Rolle fortführen und 4 Reihen fitzen.

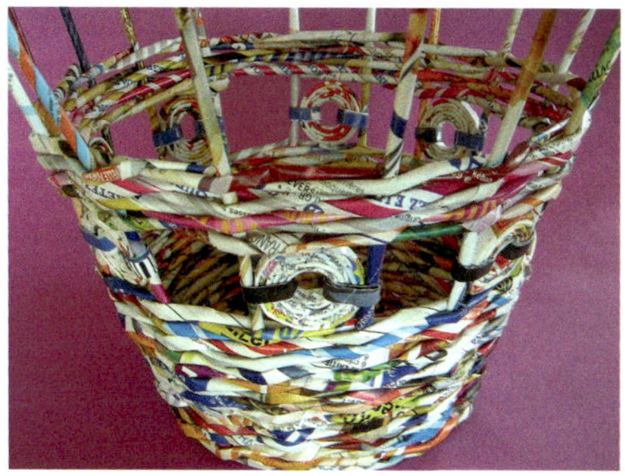

Rand

Die Staken zum einfachen Rand in zwei Schritten flechten, wie auf Seite 12 beschrieben.

Abschluss

Alle überstehenden Enden von Boden, Seitenwand und Rand abschneiden.

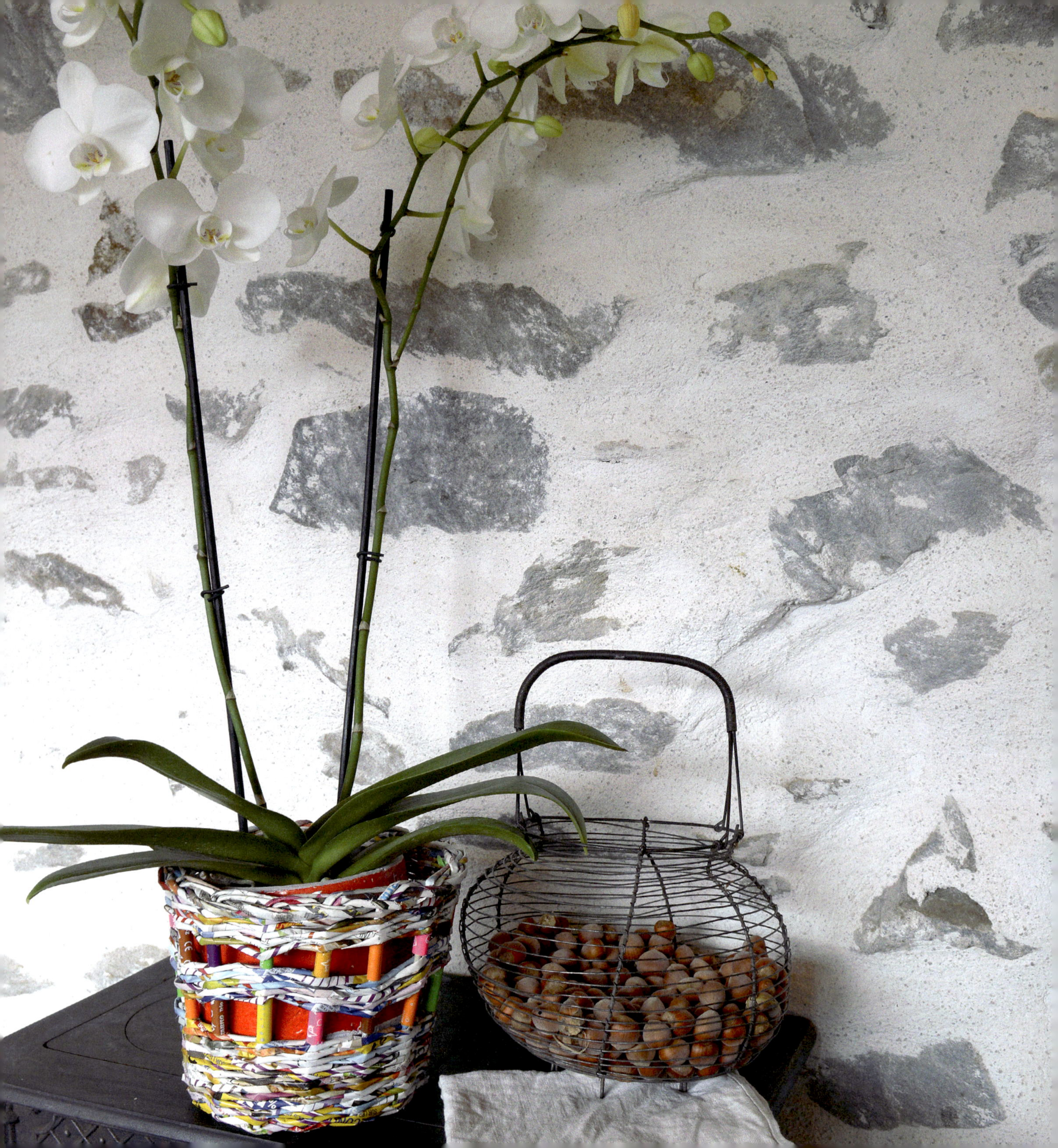

Übertopf

Größe des fertigen Objekts: 16 cm Höhe, Durchmesser oben 20 cm, unten 15 cm

Material

- 16 lange Rollen aus Reklamepapier für die Staken
- 42 Rollen aus Reklamepapier zum Flechten der Korbwand
- 7 ausgediente Filzstifte oder Rohre aus buntem Kunststoff
- Metallsäge
- Plastikform
- ein passender Blumentopf-Untersetzer

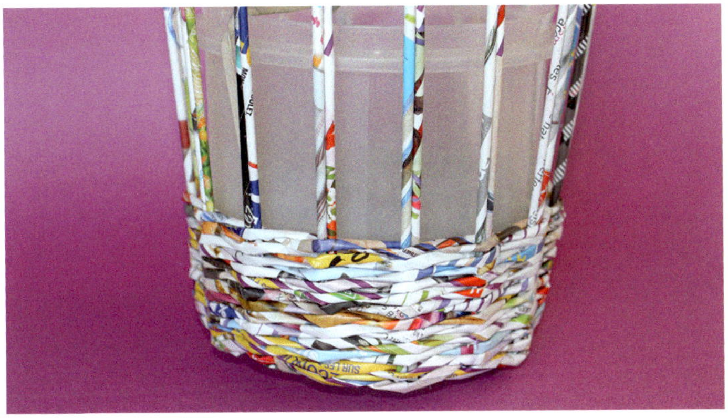

Boden

Aus 16 langen Rollen einen Sternboden legen, wie auf Seite 9 beschrieben. 4 Runden fitzen, um einen Durchmesser von 15 cm zu erhalten. Dann die Staken aufrichten.

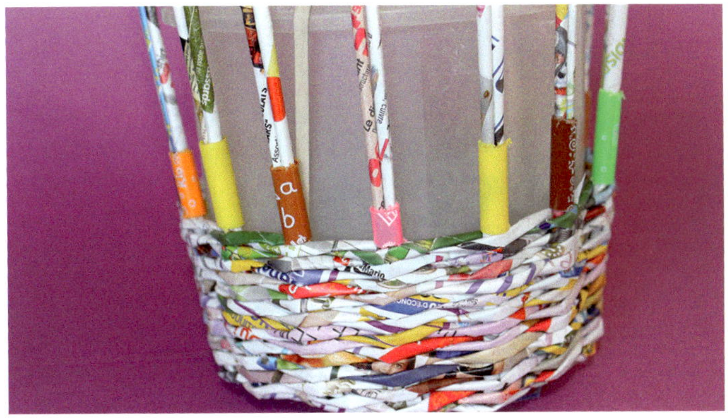

Seitenwand

Das Plastikgefäß hineinsetzen und die Staken mit Gummiband fixieren. 11 Runden fitzen.
Aus den Filzstift-Hüllen 16 Perlen (1 - 3 cm lang) schneiden.

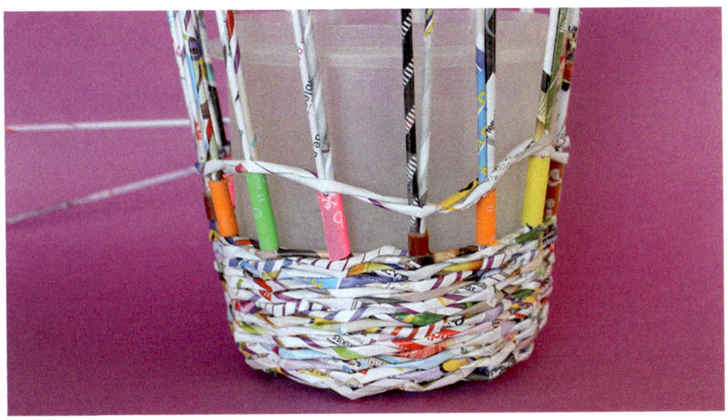

Die Perlen so auffädeln, dass sie eine Welle bilden. Das Flechten auf einem Wellenberg mit einer geknickten Rolle beginnen.

Eine Rolle, die in zwei ungleiche Teile geknickt ist, ansetzen und 5 Runden fitzen. Dann eine zweite Serie „Perlen“ so auffädeln, dass eine zur ersten entgegengesetzte Welle entsteht. Wieder eine geknickte Rolle ansetzen und 5 Runden fitzen.

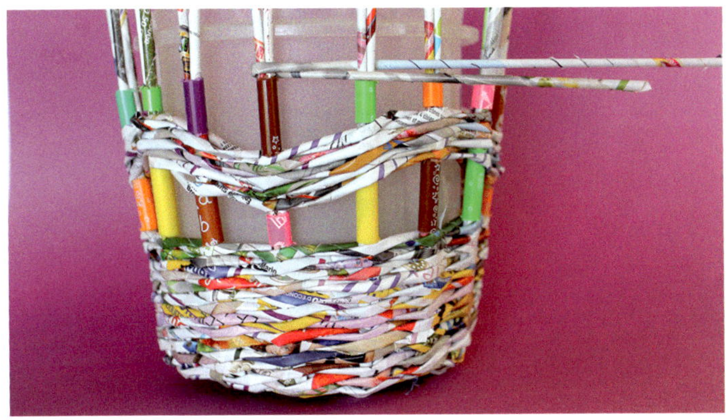

Rand

Die Stakenpaare zum einfachen Abschluss in 2 Schritten flechten (auf S. 12 beschrieben). Den Untersetzer in den Übertopf setzen, um ein Feuchtwerden des Papierbodens zu verhindern.

Abschluss

Alle überstehende Enden (Seitenwand, Rand) abschneiden.

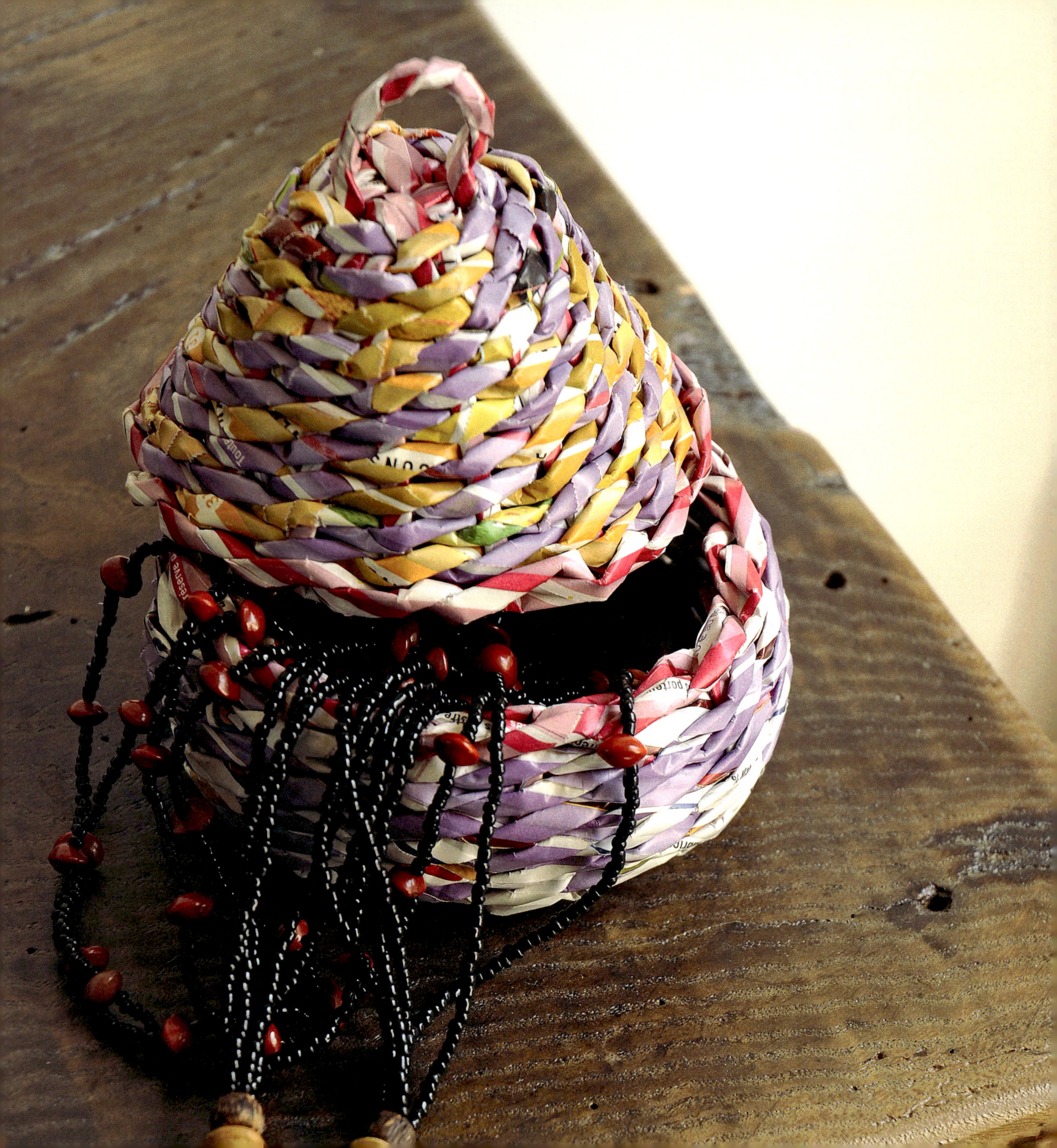

Schmuckschatulle

Größe des fertigen Objekts: 14 cm Höhe, 11 cm Durchmesser

Material

- 8 Rollen aus Reklamepapier für den Boden, 8 Rollen für den Deckel und den Rand
- 20 Rollen aus Reklamepapier für die Schatulle und 10 Rollen für den Deckel und den Henkel

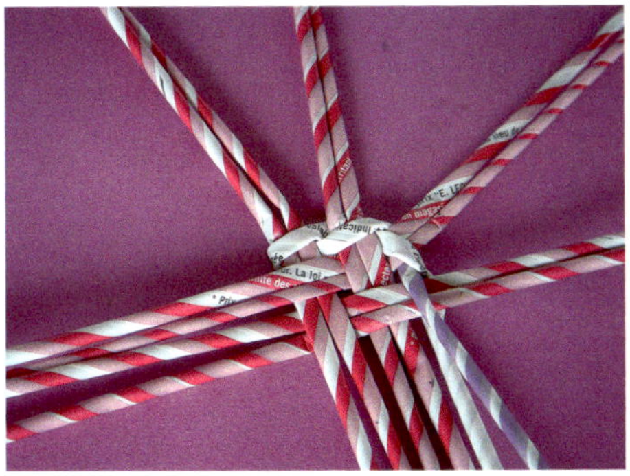

Boden
4 Paar gleichfarbige Rollen verflechten. Eine Rolle in zwei ungleiche Teile knicken und mit dem Fitzen beginnen. 6 Runden fitzen, bis 10 cm ø erreicht sind.

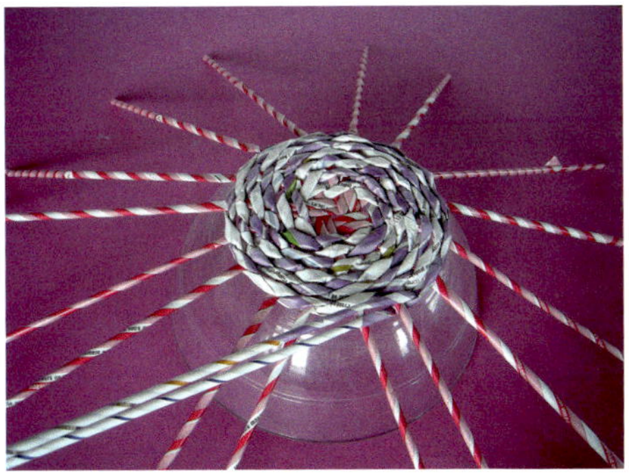

Seitenwand
Den Boden auf eine umgedrehte Schüssel legen und 7 Runden fitzen, wie auf Seite 11 beschrieben, um der Schatulle die Form zu geben.

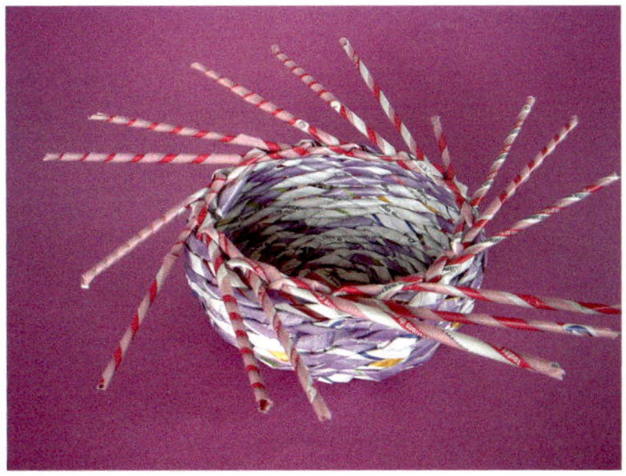

Rand
Die Stakenpaare in 2 Schritten zum einfachen Rand verflechten, wie auf Seite 12 beschrieben.

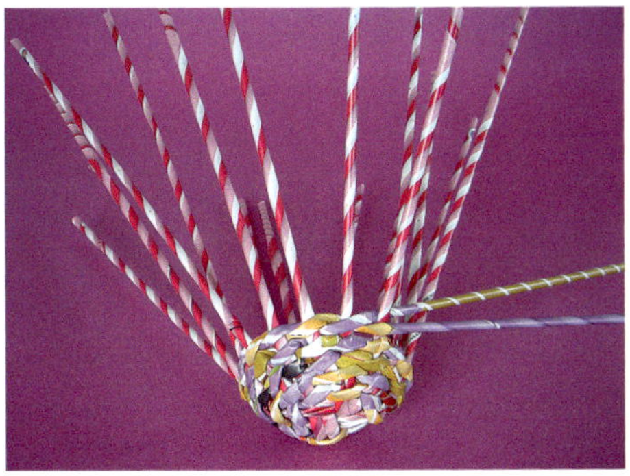

Herstellung des Deckels
Einen runden Boden herstellen, wie auf Seite 9 beschrieben. Eine Runde fitzen, um das Kreuz zu festigen. Nun die Staken aufrichten und 9 Runden fitzen, so dass eine Glockenform entsteht.

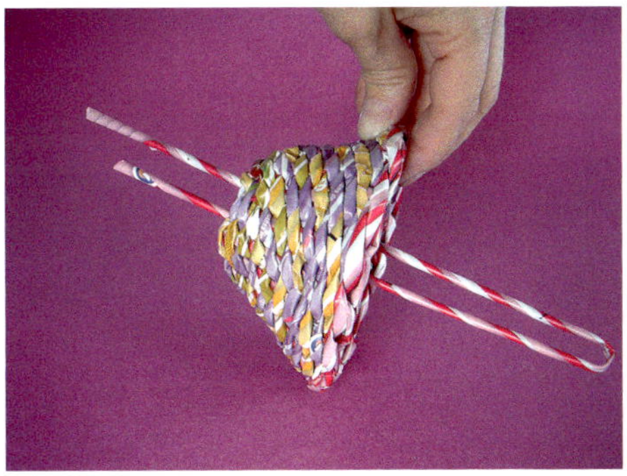

Rand
Auch hier die Stakenpaare zum einfachen Abschluss in 2 Schritten verflechten, wie auf Seite 12 beschrieben.
Eine Rolle falten und sie am Rand des Deckelbodens durchstecken.

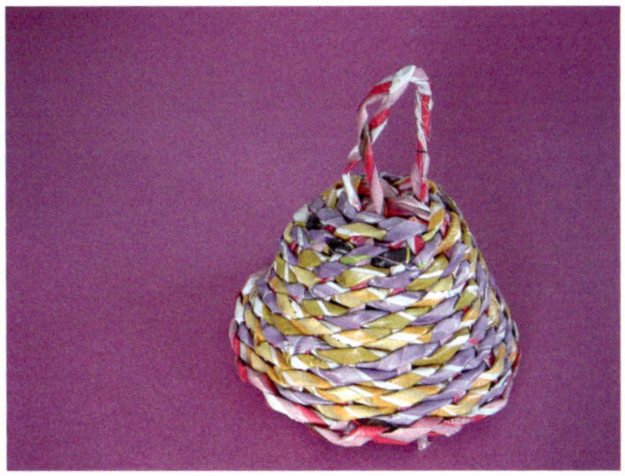

Kleiner Henkel
Für den Griff die Enden spiralig verdrillen und den Griff formen. Die offenen Enden auf der anderen Seite in das Geflecht stecken.

Abschluss
Alle überstehenden Enden von Boden, Seitenwand und Rand abschneiden.

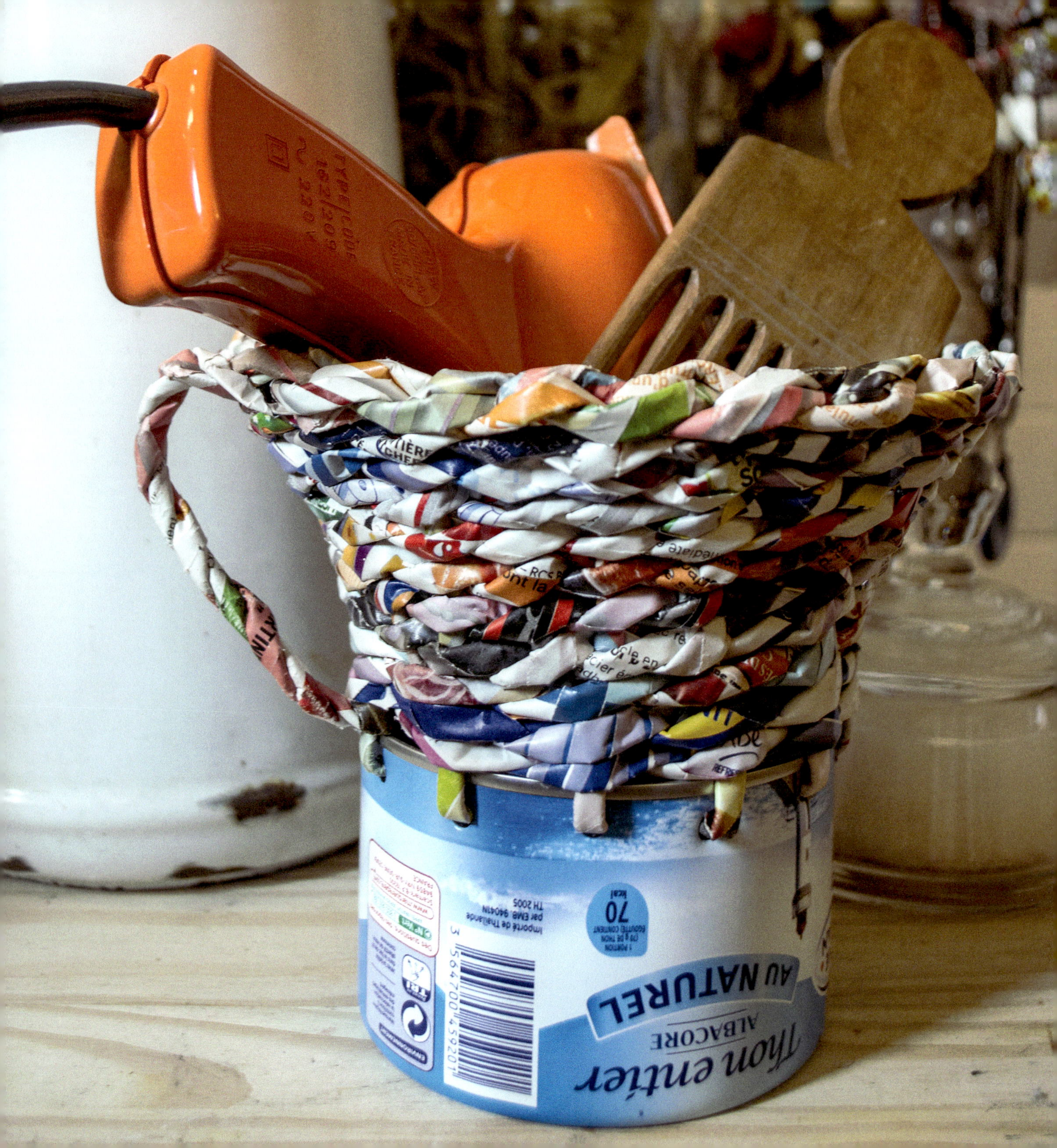
Thon entier
ALBACORE
AU NATUREL

Behälter für Haarbürsten

Größe des fertigen Objekts: 14 cm Höhe, Durchmesser oben 15 cm

Material

- 12 Rollen aus Reklamepapier für die Staken und den Rand
- 24 Rollen aus Reklamepapier für die Seitenwand und den Henkel
- 1 große Dose, z.B. von Thunfisch, in die oben 12 Löcher mit 5 mm ø gestochen werden

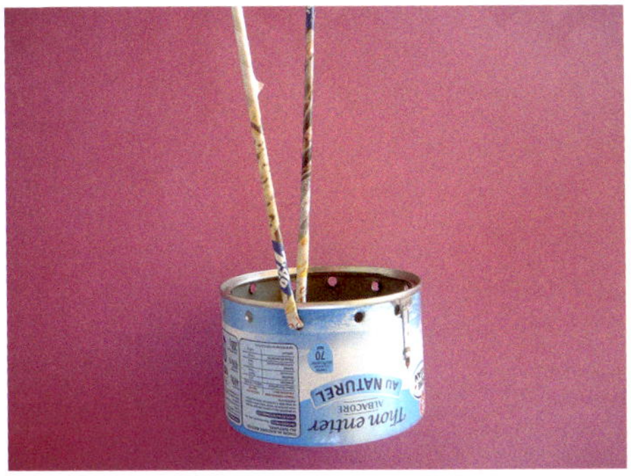

Für die Staken 12 Rollen in der Mitte knicken und durch die Löcher ziehen.

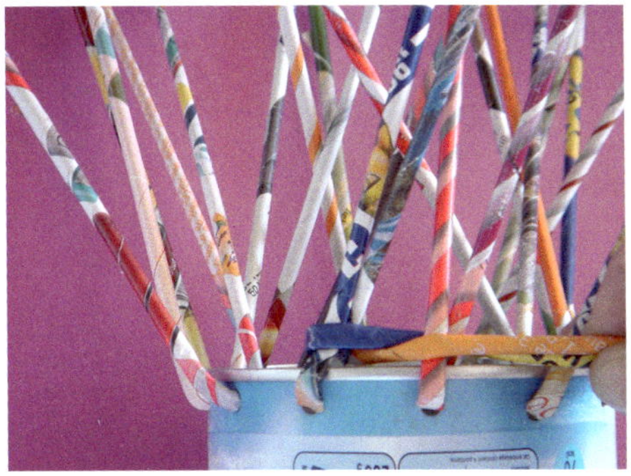

Das Flechten mit einer in 2 ungleiche Teile geknickten Rolle beginnen.

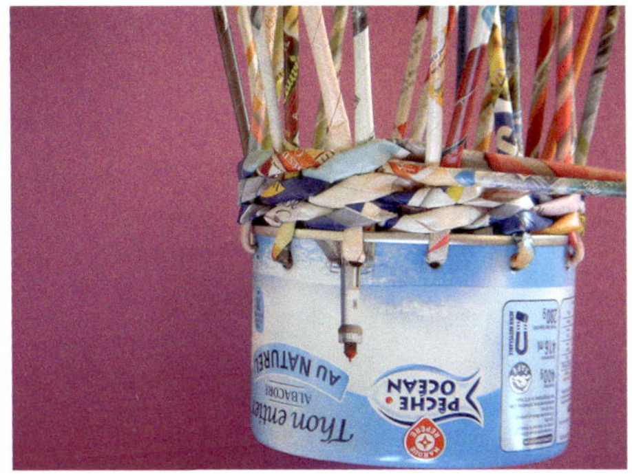

4 Reihen um die doppelten Staken fitzen.

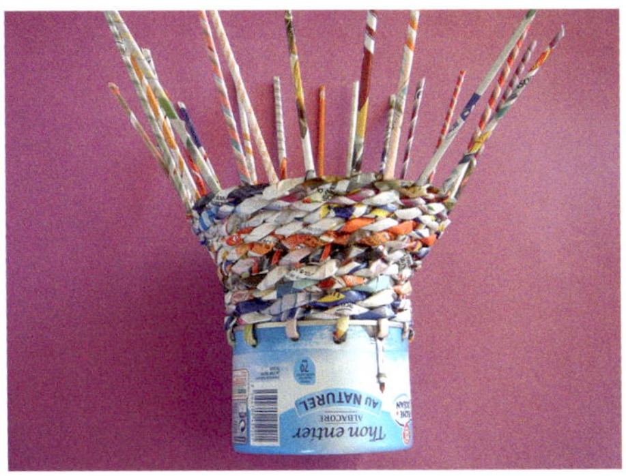

Die Stakenpaare trennen und 6 Reihen weiter fitzen.

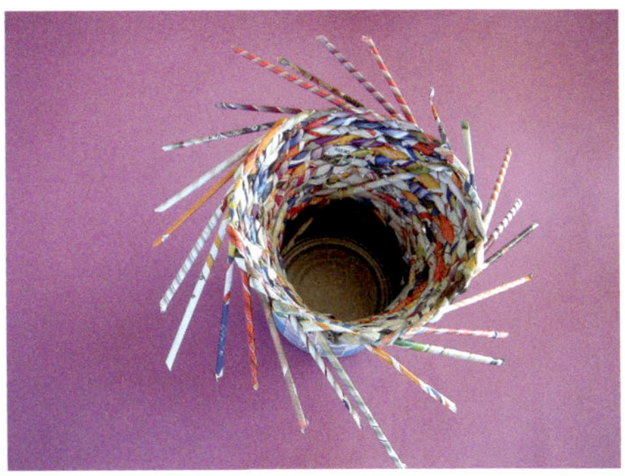

Rand

Die Stakenpaare zum einfachen Abschluss in 2 Schritten verflechten, wie auf Seite 12 beschrieben.

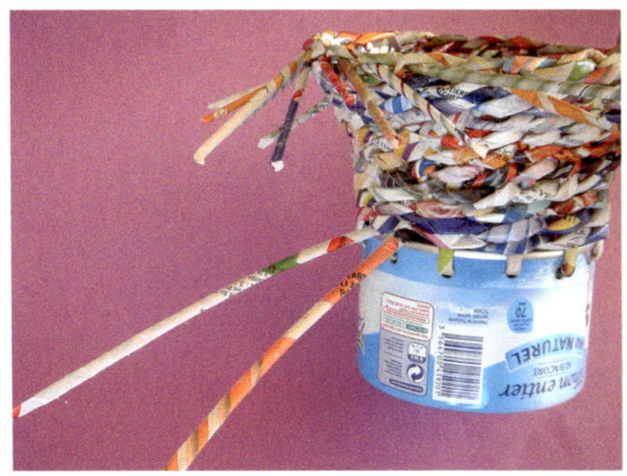

Henkel

Eine Rolle in der Mitte knicken und am Dosenrand zwischen Dose und Flechtwerk durchstecken. Für den Griff beide Rollenenden spiralig miteinander verdrillen. Die Enden am oberen Rand durchstecken und versäubern.

Abschluss

Alle überstehenden Enden von Boden, Seitenwand und Rand abschneiden.

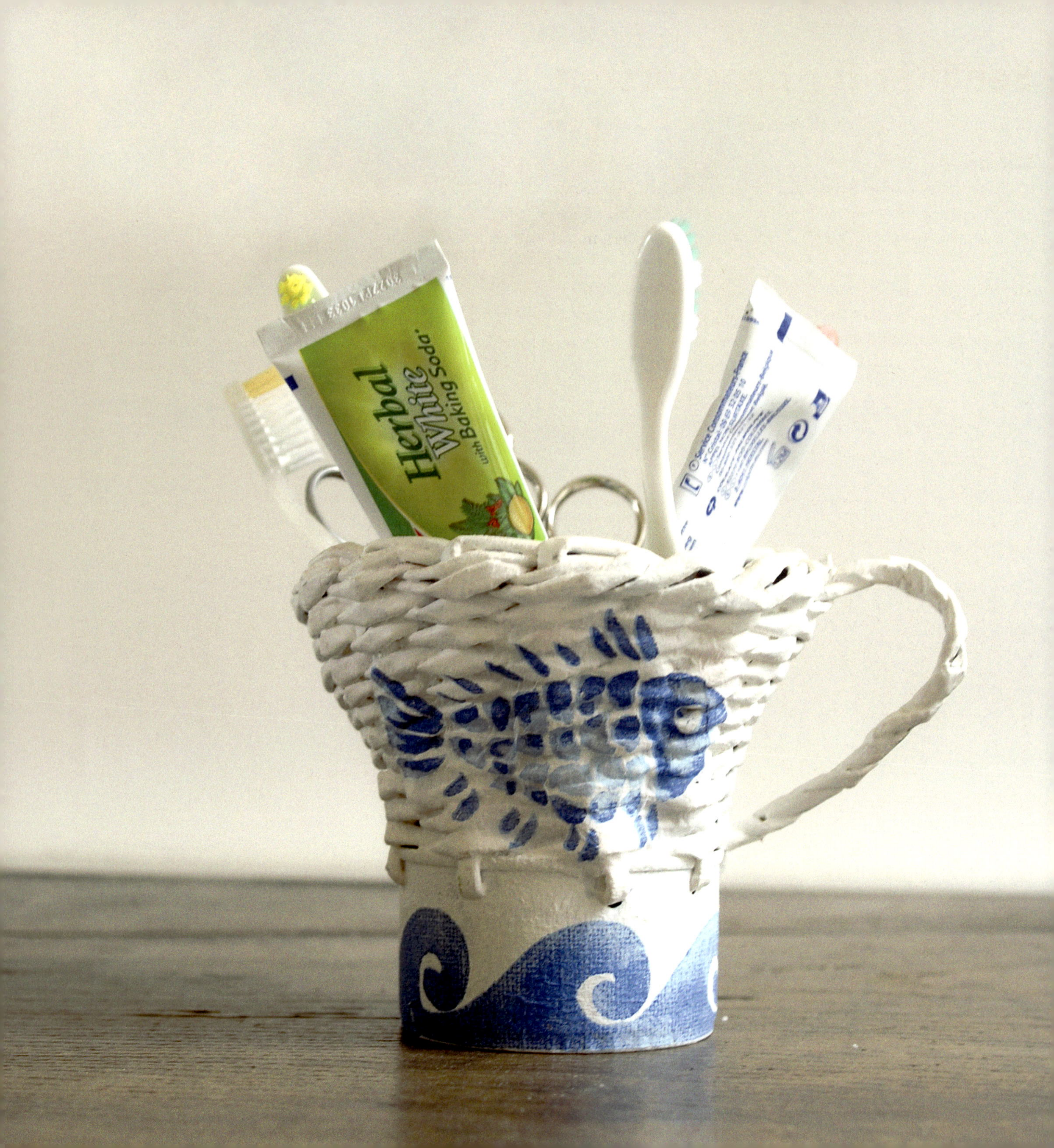
Herbal
White
with Baking Soda

Behälter für Zahnbürsten

Größe des fertigen Objekts: 10 cm Höhe, Durchmesser oben 12 cm

Material

- 8 lange Rollen aus Reklamepapier für die Staken und den Rand
- 16 Rollen aus Reklamepapier für die Korbwand und den Henkel
- 1 große Dose, z.B. von Thunfisch, in die oben 12 Löchern mit 5 mm ø gestochen werden

Für die Staken 8 Rollen in der Mitte knicken. Durch die Löcher ziehen. Das Flechten mit zwei ungleich lang geknickten Rollen beginnen, 3 Reihen um die doppelten Staken fitzen. Dann die Staken trennen und weiter 7 Reihen fitzen.

Rand

Die Stakenpaare zum einfachen Abschluss in 2 Schritten flechten, wie auf Seite 12 beschrieben.

Henkel

Eine Rolle in der Mitte knicken und sie zwischen Dose und Flechtwerk durchstecken. Für den Griff beide Rollen spiralig verdrillen. Die Enden in den Rand stecken und versäubern.

Abschluss

Zum Schluss alle überstehenden Enden von Boden, Seitenwand und Rand abschneiden.

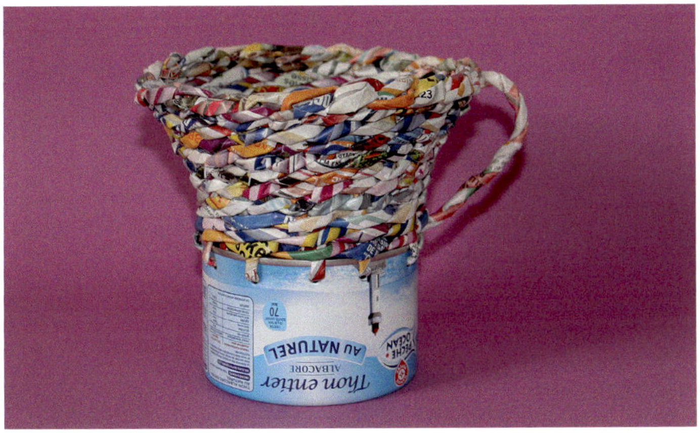

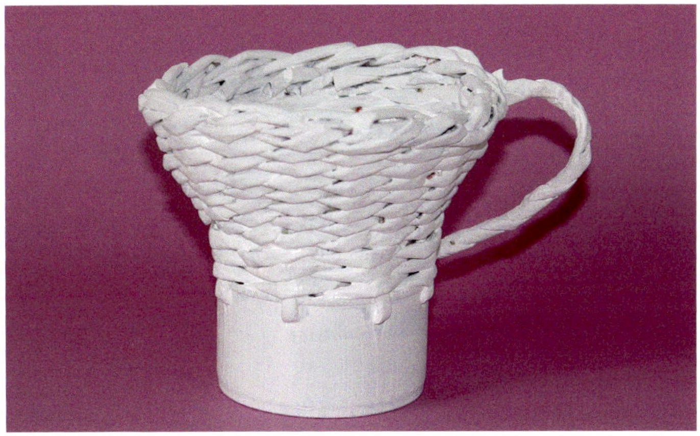

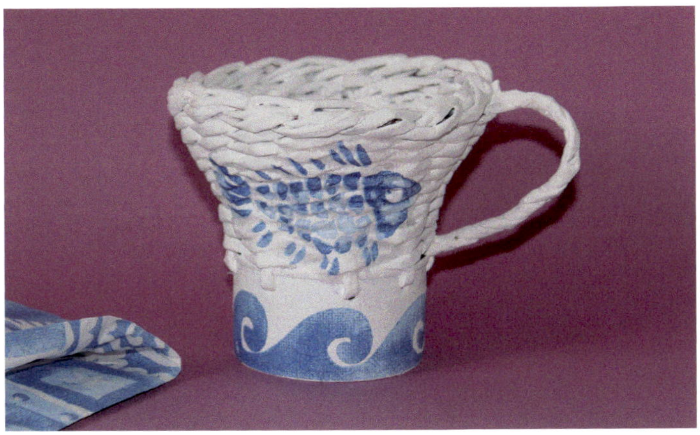

Anhand der Fotos der Haarbürsten-Behälter auf den Seiten 24 und 25 werden die nötigen Arbeitsschritte beschrieben. Die Bilder hier zeigen eine Variante, bei der Dose und Papier weiß grundiert und dann bemalt wurden.

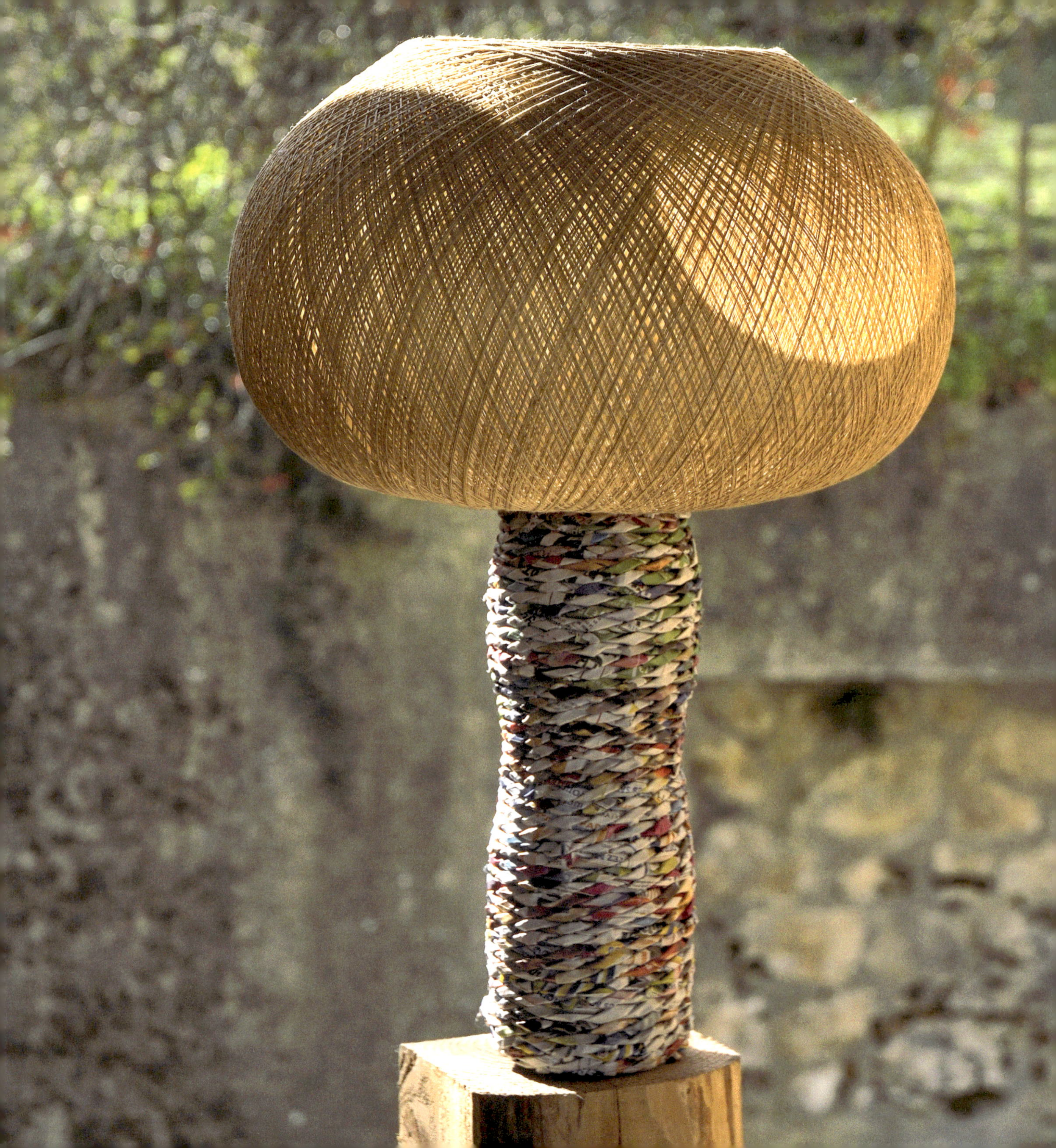

Lampenfuß

Größe des fertigen Objekts: Höhe 29 cm

Material

- 9 lange Rollen aus Reklamepapier als Staken für Boden, Seitenwand und den Rand
- 95 Rollen aus Reklamepapier für die Seitenwand
- 1 große Sirup- oder Bierdose (für die Form)
- Elektromaterial: Lampenfassung und Kabel
- Lampenschirm

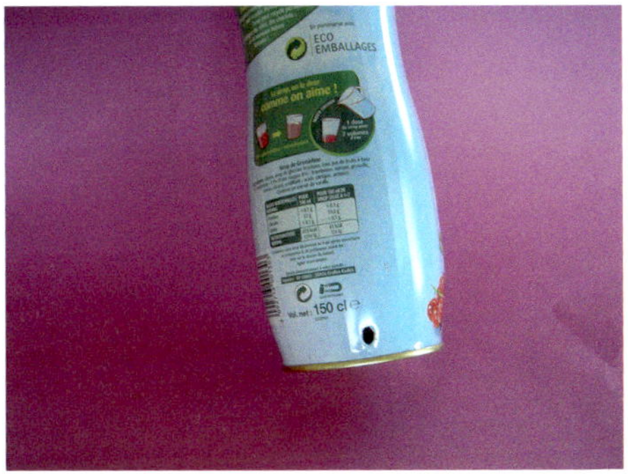

Boden
Unten in die Dose ein Loch mit 5 mm ø bohren. Während des Flechtens der Seitenwand ein Holzstäbchen hineinstecken.

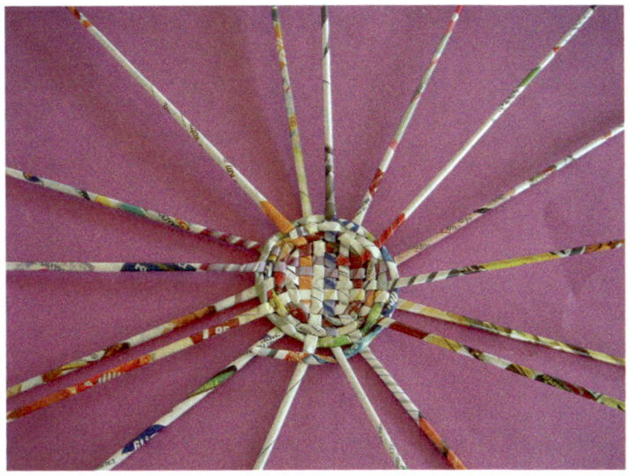

Einen runden Boden herstellen (vgl. Seite 9). 4 Runden in einfacher Technik flechten, bis ein Durchmesser von 9 cm erreicht ist (dem Dosenboden entsprechend). Dann die Staken aufrichten.

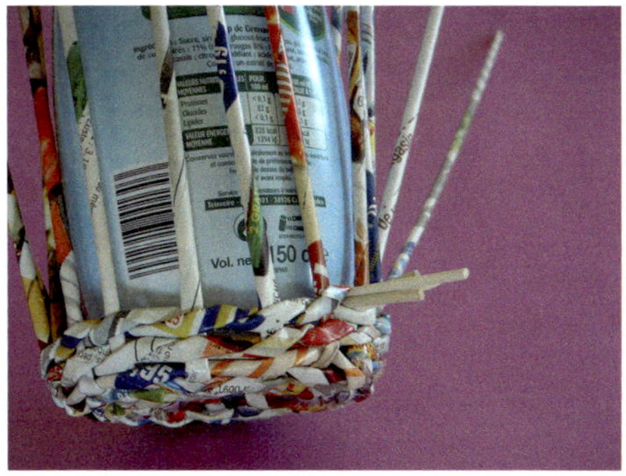

Seitenwand
An der Seitenwand mit dem Fitzen beginnen. Die Dose zwischen den Staken platzieren.

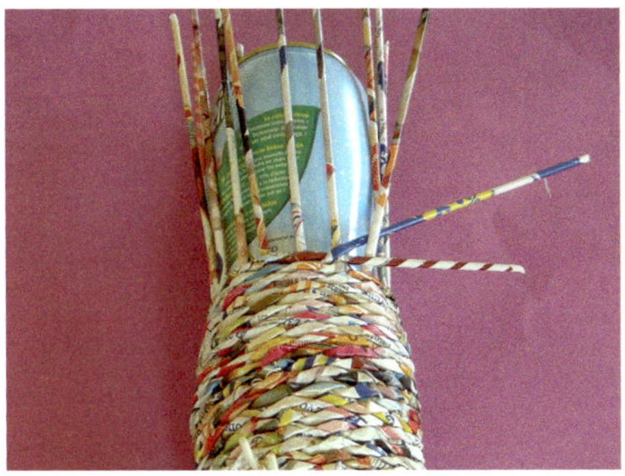

Die Staken eng an die Dose legen und 22 Reihen fitzen.

Mit dem Flechten fortfahren, bis das ganze Gefäß bedeckt ist.

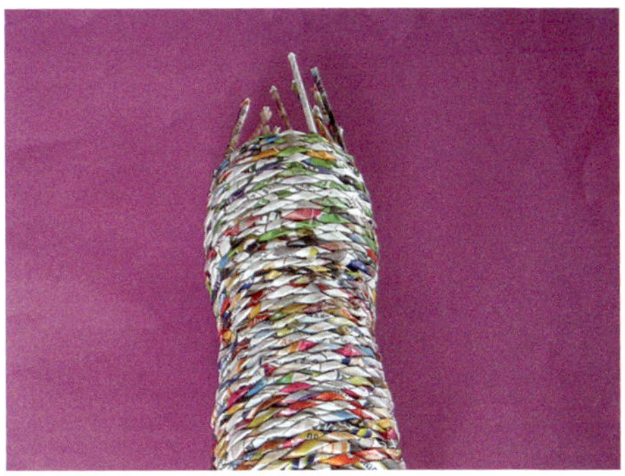

Rand
Die Staken zum einfachen Rand in zwei Schritten verflechten, wie auf Seite 12 beschrieben.
Die Lampenfassung mit Kabel installieren und das Kabel nach unten herausführen. Nun den Lampenschirm auf dem umflochtenen Lampenfuß befestigen.

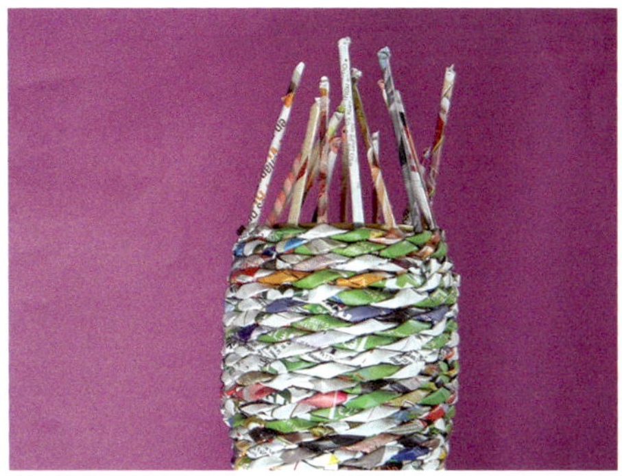

Abschluss
Alle überstehenden Enden von Boden, Seitenwand und Rand abschneiden.

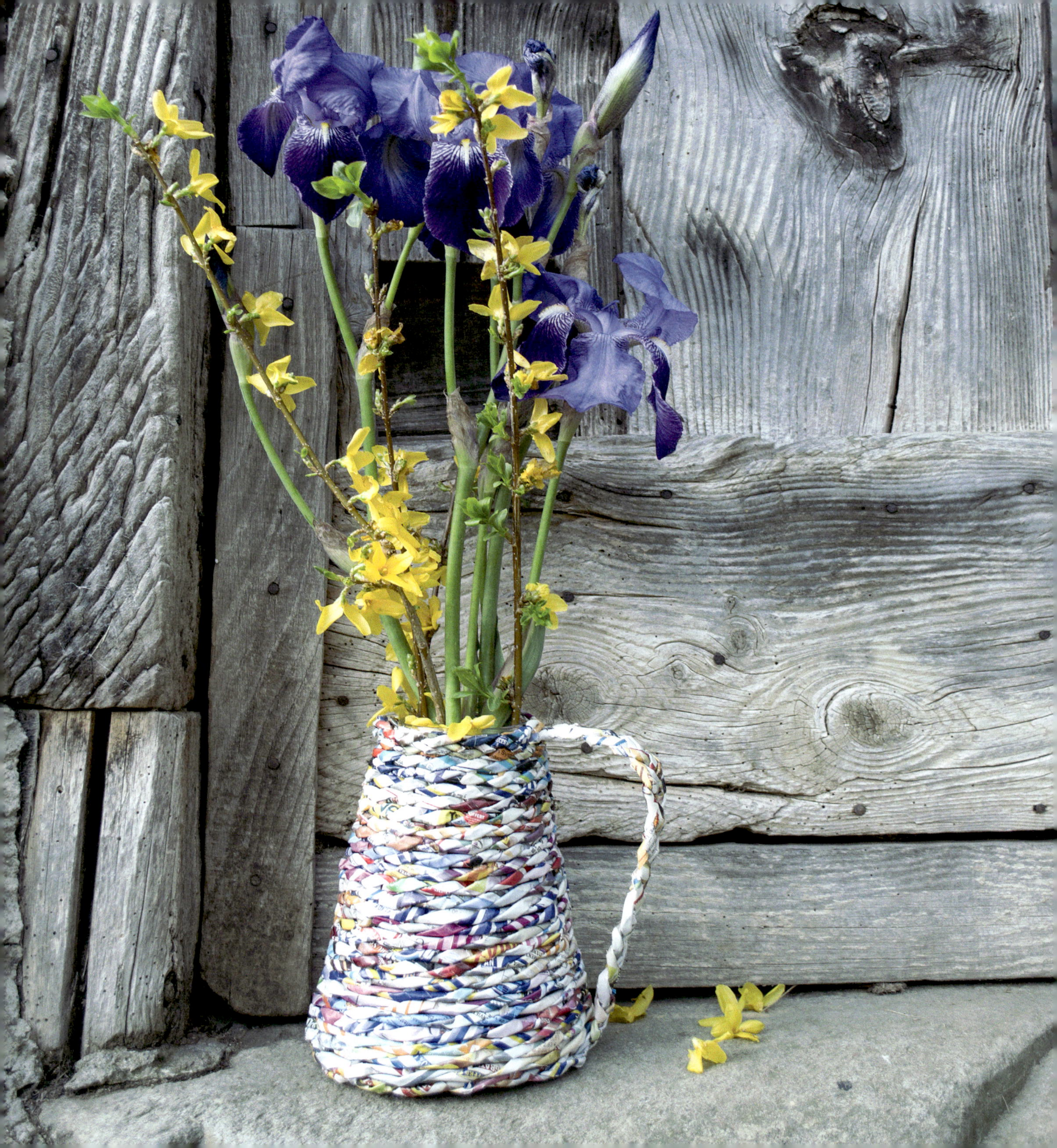

Vase

Größe des fertigen Objekts: Höhe 19 cm, Durchmesser unten 16 cm, oben 10 cm

Material

- 1 Glasvase
- 8 lange Rollen aus Reklamepapier für die Staken
- 58 Rollen aus Reklamepapier für die Seitenwand und den Henkel

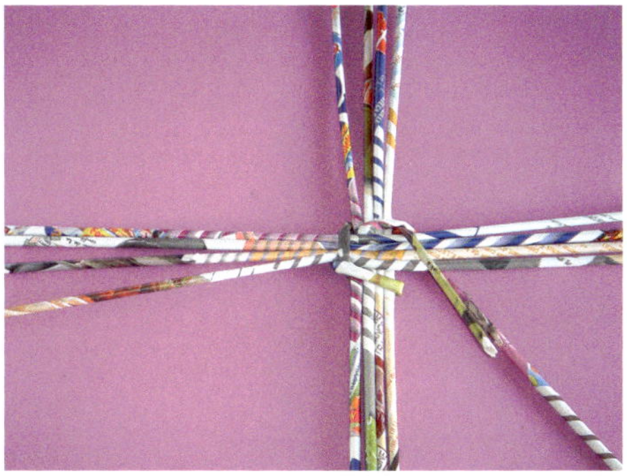

Boden
4 Rollenpaare gleicher Farbe über Kreuz legen. 1 Rolle in zwei ungleich lange Teile knicken und mit dem Fitzen beginnen.

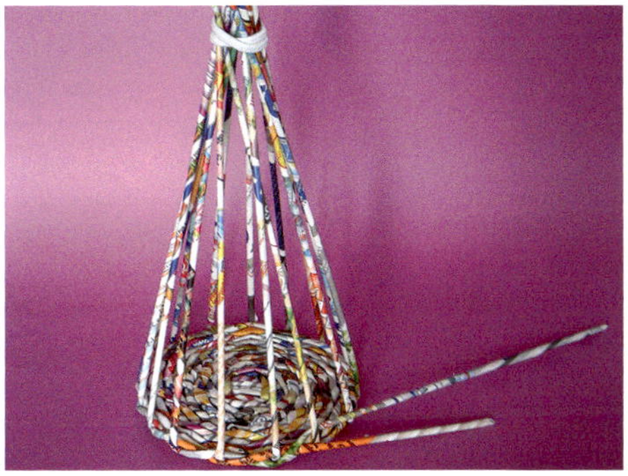

7 Runden fitzen (wie auf Seite 11 beschrieben), um einen Durchmesser von 16 cm zu erhalten.
Dann die Staken aufrichten.

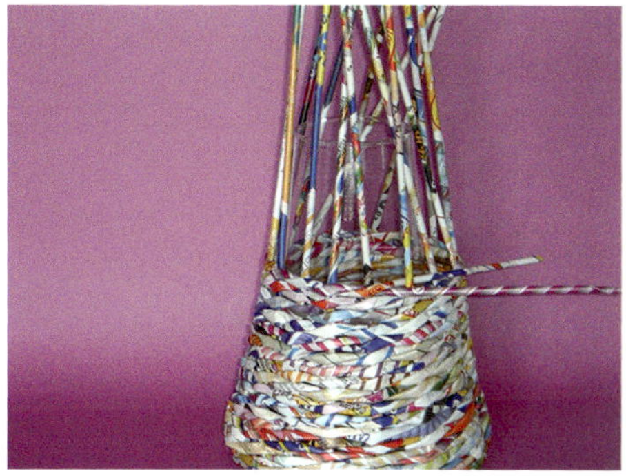

Seitenwand
13 Runden fitzen. Zur Formgebung die Staken anziehen und die Glasvase hineinstellen.

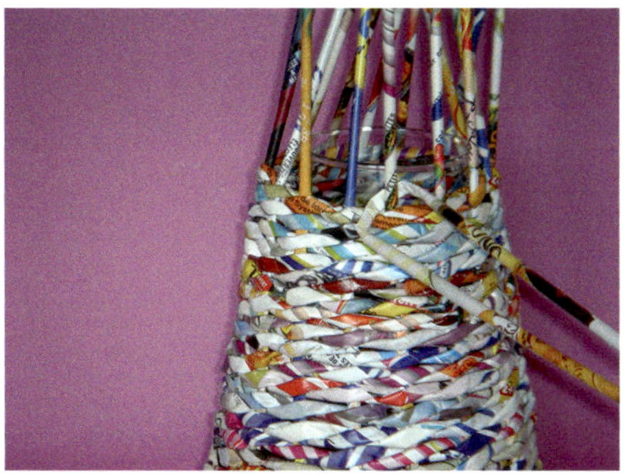

Nach 12 weiteren Runden das Flechten/Fitzen beenden.

Henkel
Für den Henkel eine Rolle in zwei ungleich lange Teile knicken und hinter einer Stake ansetzen.

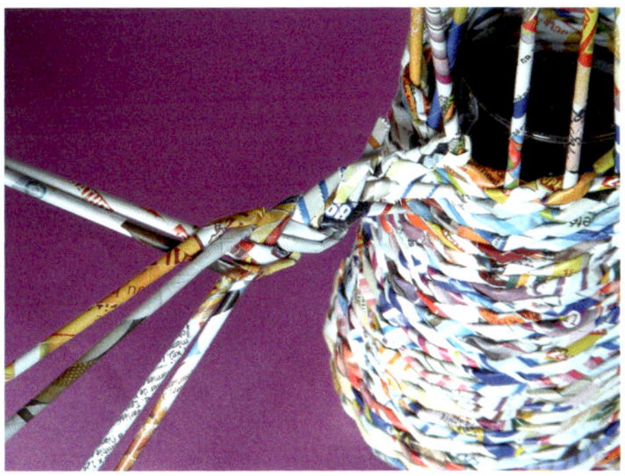

Zwei weitere Rollen einfügen und mit den drei paarweise geführten Strängen einen Zopf flechten. Durch den Doppelstrang erhält der Henkel mehr Festigkeit.

Drei Enden verwahren und die anderen drei am Korbboden befestigen.

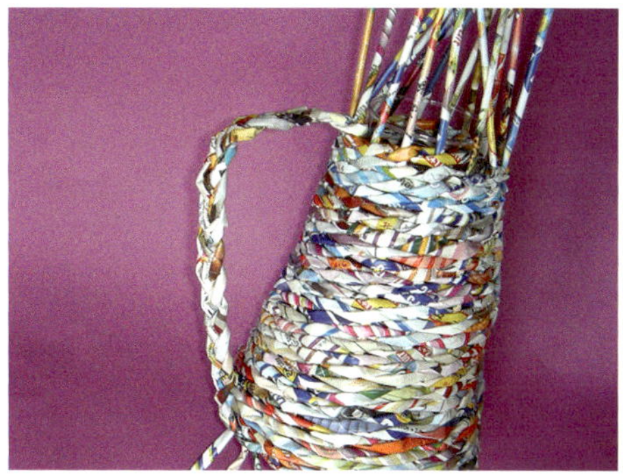

Rand
Die Staken zum einfachen Rand in zwei Schritten verflechten, wie auf Seite 12 beschrieben.

Abschluss
Alle überstehenden Enden von Boden, Seitenwand und Rand abschneiden.

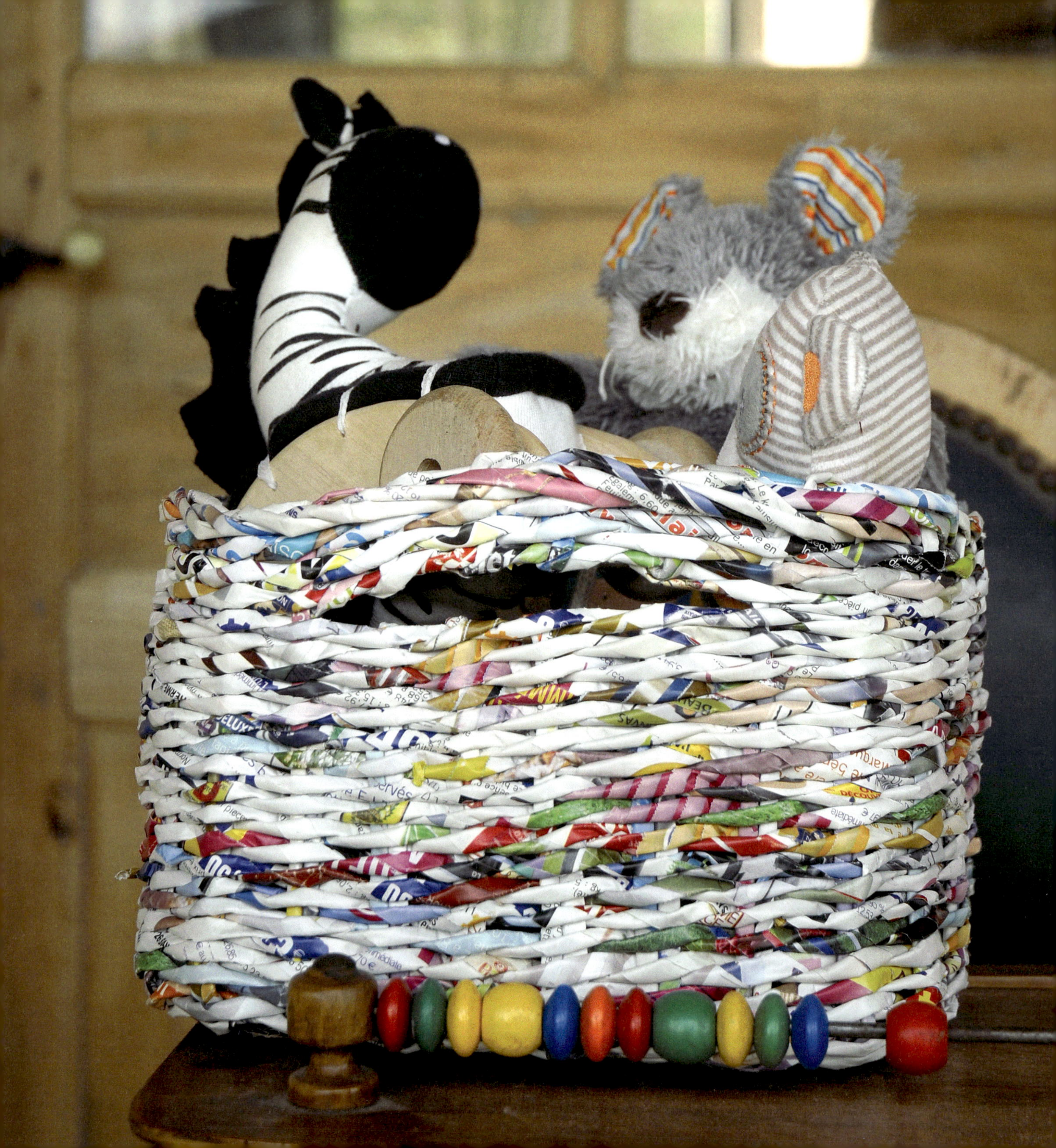

Rechteckiger Korb

Größe des fertigen Objekts: 16 cm Höhe an der höchsten Stelle

Material

- 32 Rollen aus Reklamepapier für die Staken und den Rand
- 90 Rollen aus Reklamepapier für das Flechten der Seitenwand
- 1 Quadrat (21 x 21 cm) aus Wellpappe mit 32 Löchern

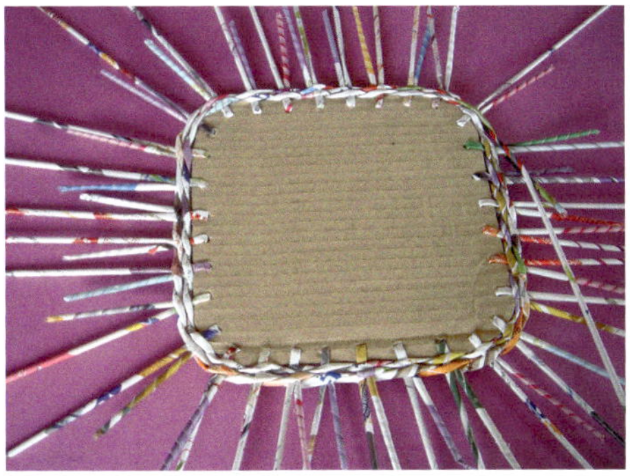

Boden

Mit einem Schraubenzieher 32 Löcher in die Wellpappe stechen, 0,5 cm vom Rand entfernt im Abstand von 2 cm. Rollen so knicken und durchziehen, dass die kur-

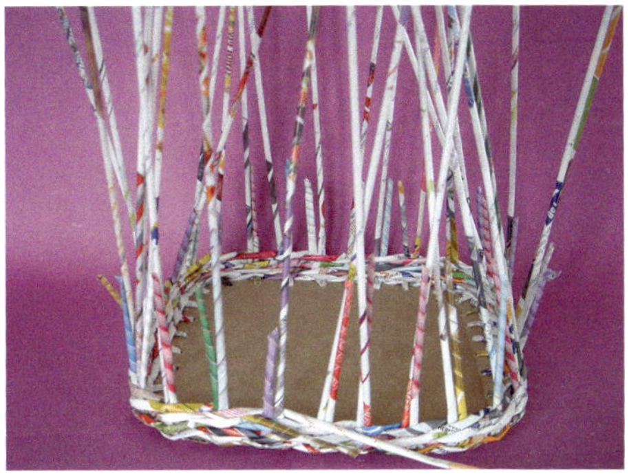

zen Enden 8 cm lang sind. 2 Runden fitzen (wie auf Seite 11 beschrieben).

Nun die Staken aufrichten.

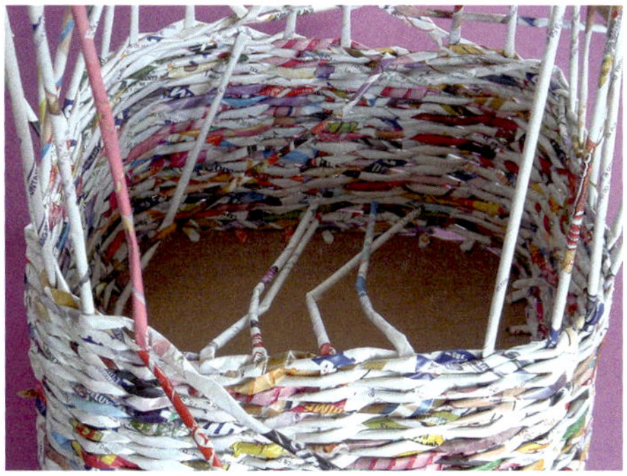

Seitenwand

17 Runden fitzen und in einer Ecke beenden.

Griffe

Für die Griffe an beiden Seiten 4 mittlere Staken nach innen knicken.

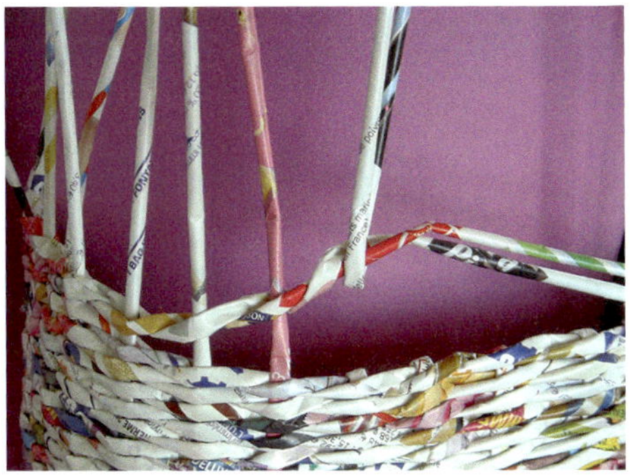

Das Flechten um die senkrechten Staken weiterführen und im Bereich der Griffe nacheinander jeweils vier neue Rollen, die in der Mitte geknickt sind, als Staken einfügen, sowohl für den ersten Griff wie

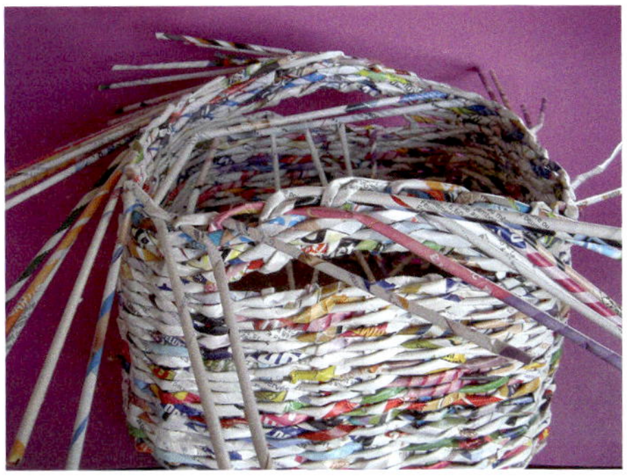

auch für den 2. Griff auf der gegenüberliegenden Seite. 3 Runden fitzen.

Rand

Die Staken zum Abschluss in 2 Schritten verflechten, wie auf Seite 12 beschrieben.

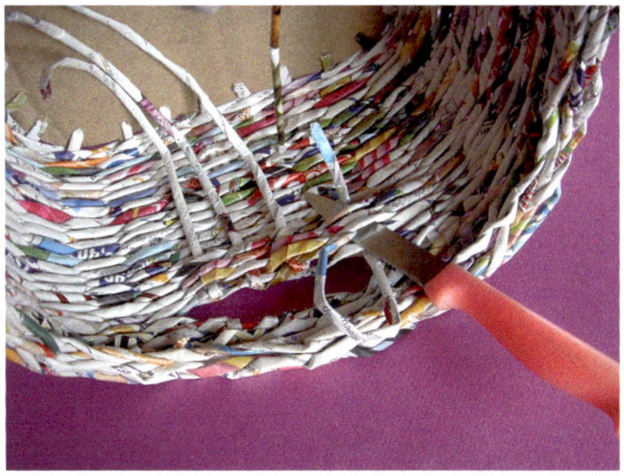

Mit einem Messer die nach innen geknickten Staken ins Flechtwerk stecken.

Abschluss

Alle überstehenden Enden von Boden, Seitenwand und Rand abschneiden.

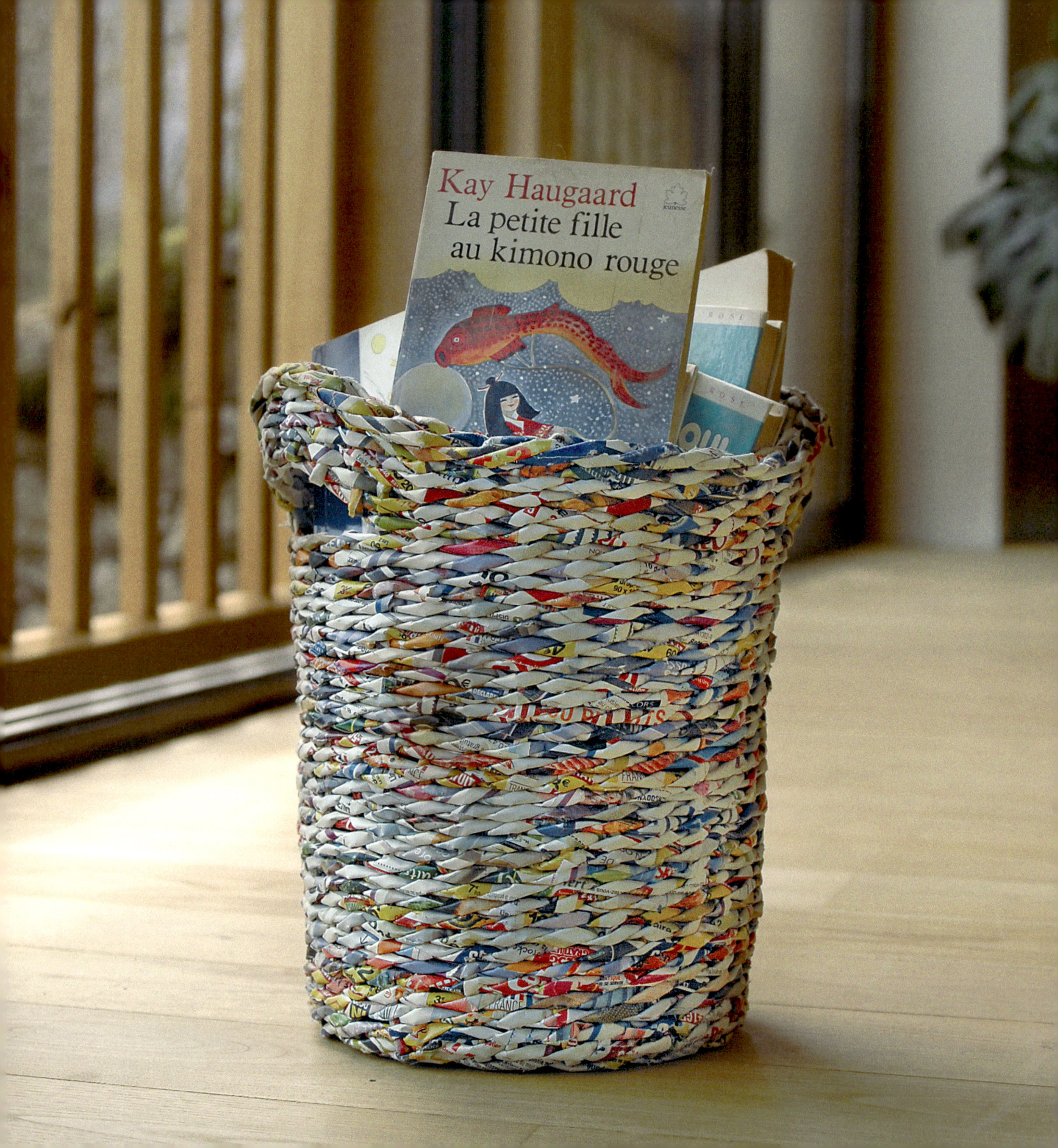
Kay Haugaard
La petite fille
au kimono rouge

Runder Korb

Größe des Objekts: 25 cm Höhe, Durchmesser oben 22 cm

Material

- 16 Rollen aus Reklamepapier für die Staken
- 96 Rollen aus Reklamepapier für Korbwand und Griffe
- Plastikgefäß oder Eimer als Form

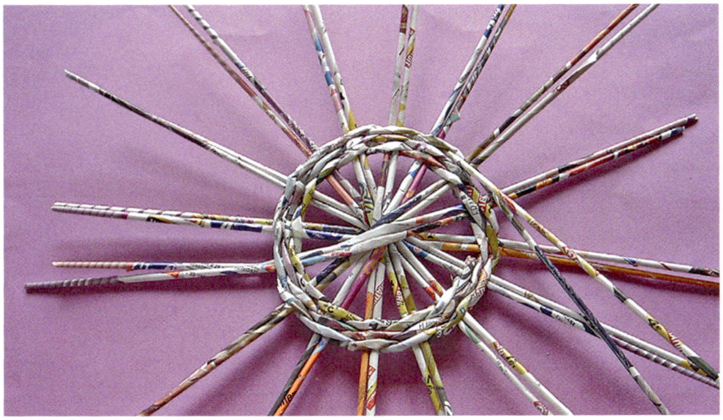

Boden

Aus 16 langen Rollen einen Sternboden legen, wie auf Seite 9 beschrieben. 6 Runden fitzen, um einen Durchmesser von 17 cm zu erhalten. Dann die Staken aufrichten.

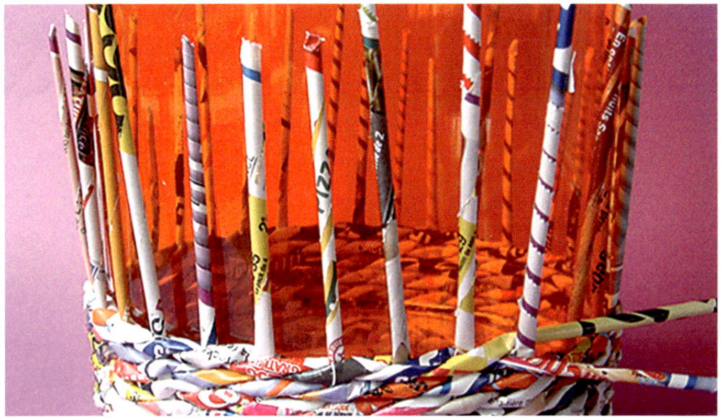

Seitenwand

Das Plastikgefäß hineinsetzen und 7 Runden fitzen. Die Staken verlängern. Weitere 24 Runden flechten.

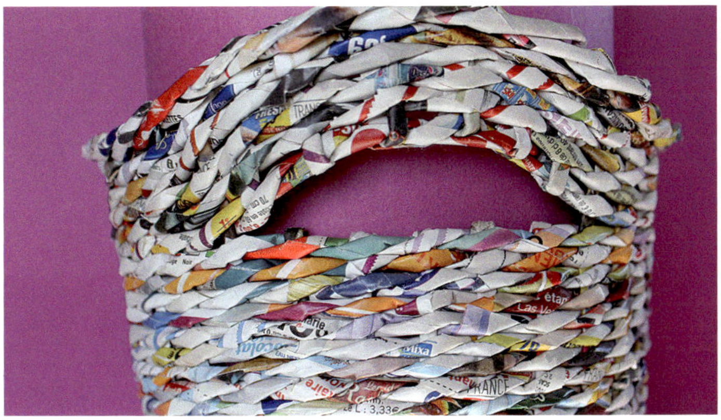

Griffe

4 Staken nach innen ablegen. Um die senkrechten Staken weiterflechten und im Bereich der Griffe nacheinander jeweils 4 neue, in der Mitte geknickte Rollen als Staken einfügen, sowohl für den ersten Griff wie auch für den 2. Griff auf der gegenüberliegenden Seite. Für die Griffe 4 Runden fitzen.

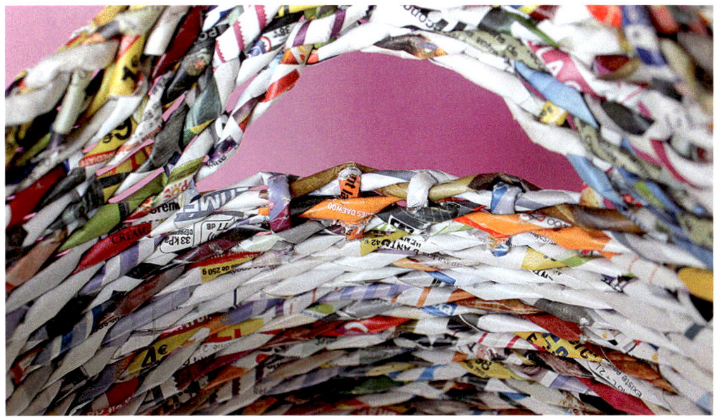

Rand

Die Staken zum einfachen Abschluss in 2 Schritten verflechten, wie auf Seite 12 beschrieben. Mithilfe eines Messers die nach innen geknickten Staken in das Flechtwerk stecken.

Abschluss

Zum Schluss alle überstehenden Enden abschneiden.

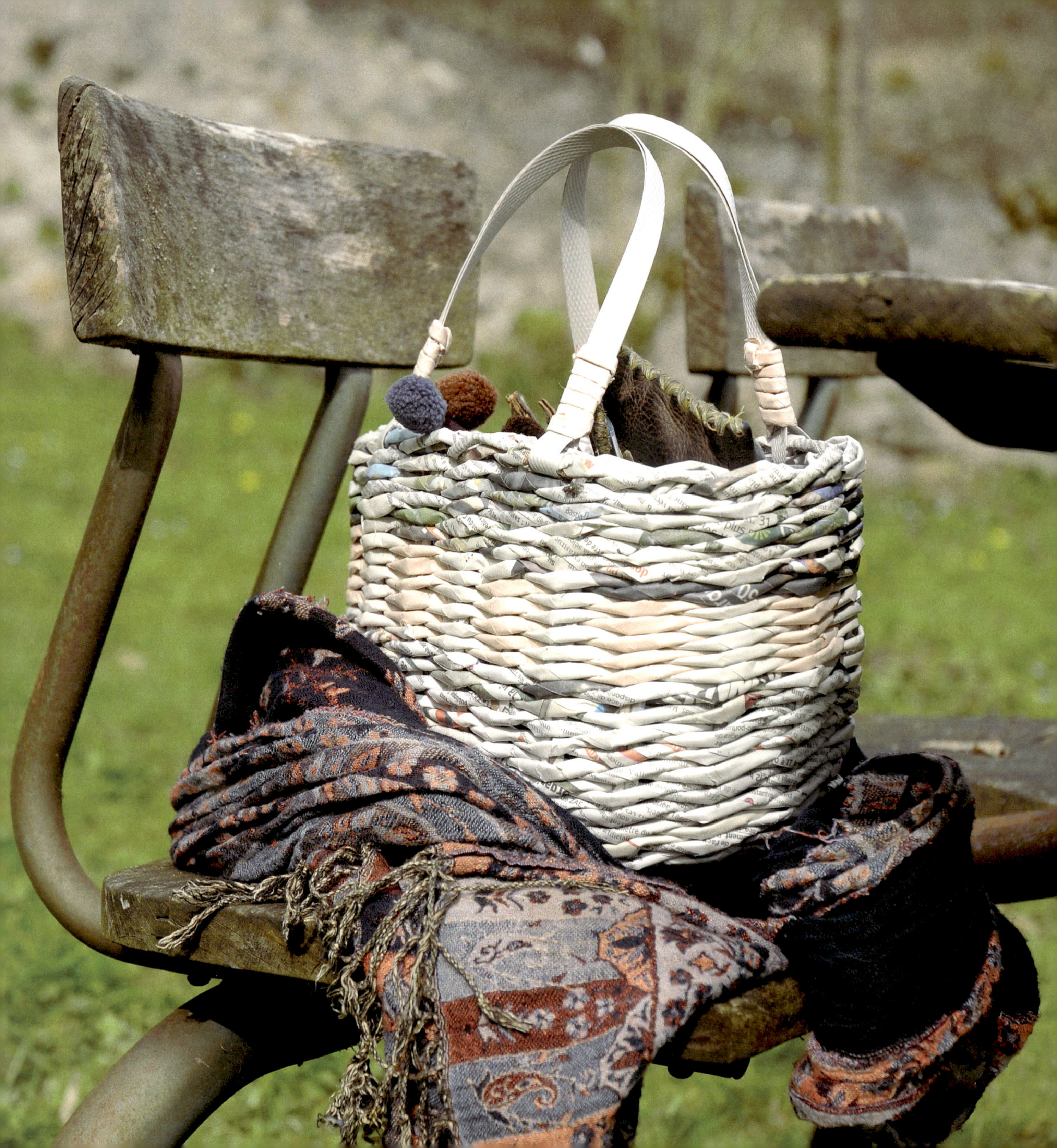

Handtasche

Größe des fertigen Objekts: Höhe 15 cm, Länge 26 cm, Breite 15 cm

Material

- 14 lange Rollen aus Zeitungspapier für die Staken
- 40 Rollen aus Zeitungspapier zum Flechten des Bodens und der Seitenwand
- 16 lachsfarbene Rollen für das Dekor und für die Henkel
- 16 weiße Rollen zum Flechten des Dekors
- 2 graue Plastikbänder, 75 cm lang
- Klebeband zum Zusammenhalten der Henkel

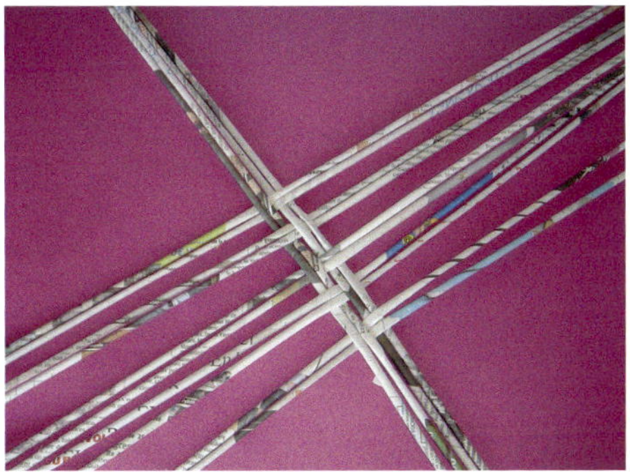

Boden
2 Paar lange Rollen mit 5 Paar langen Rollen kreuzweise verflechten.

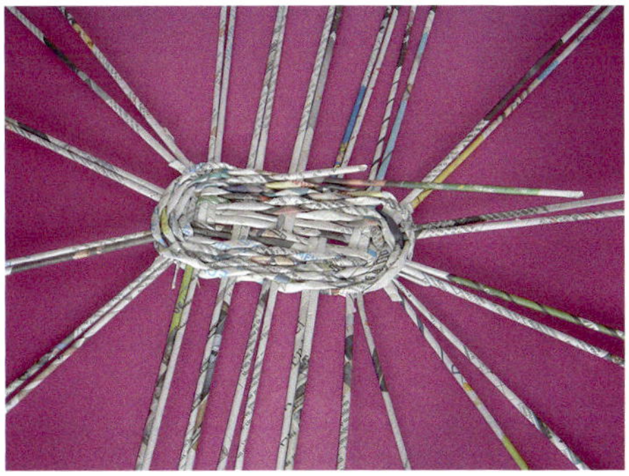

4 Runden fitzen, in jede Ecke 1 Paar normal lange Rollen einstecken.

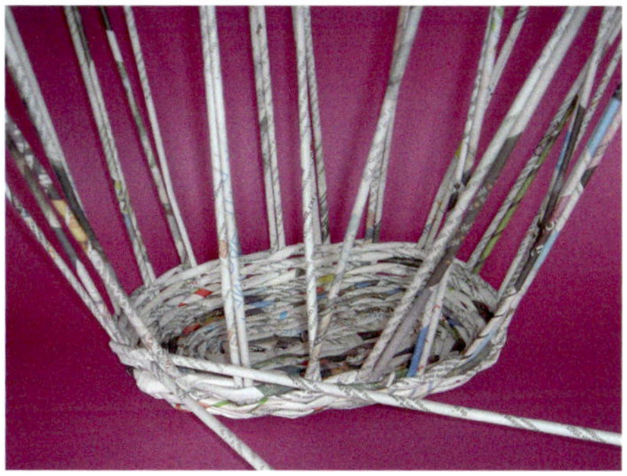

4 Runden fitzen, dabei die Staken sanft runden, um der Tasche die Form zu geben.

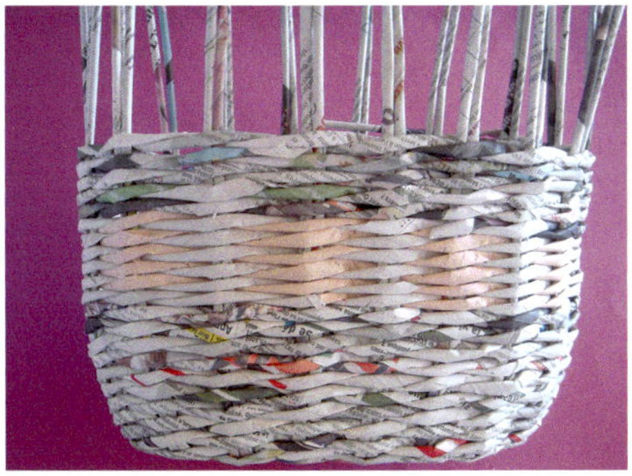

Seitenwand
10 Runden fitzen. An der Schmalseite aufhören. 5 Runden mit einer weißen und einer lachsfarbenen Rolle flechten.
Die Tasche mit 5 Runden Zeitungspapier beenden.

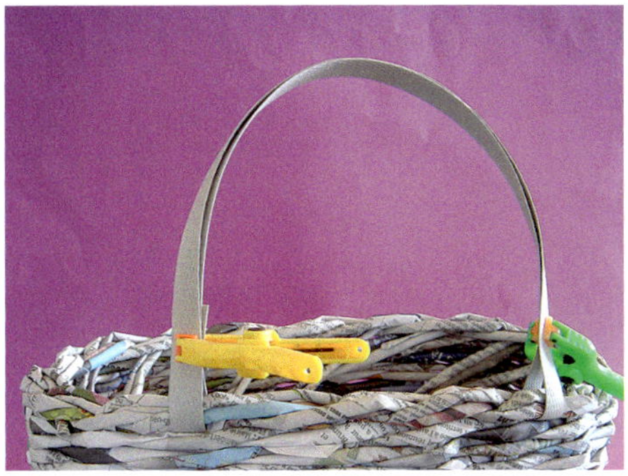

Rand
Die Staken zum Rand in 2 Schritten verflechten, wie auf Seite 12 beschrieben.

Henkel
Die Enden des Kunststoffbandes mit 10 cm Abstand unter dem Rand durchstecken, mit Klammern festhalten und das Bandende mit Klebeband fixieren.

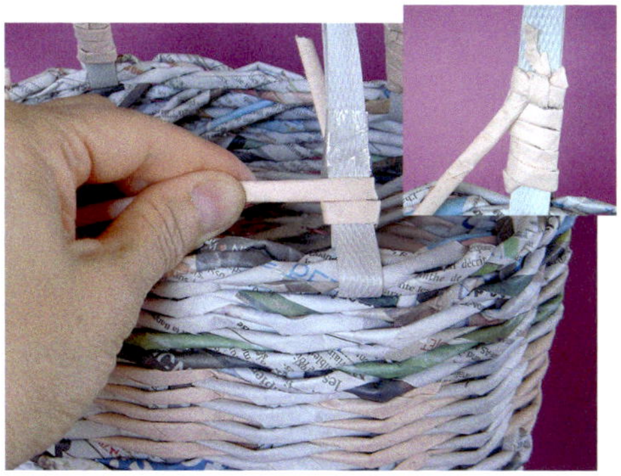

Wickeln des Henkels
Das Ende einer lachsfarbenen Rolle knicken, hinter dem Henkel ansetzen und den Henkel 6 Runden umwickeln. Die Rolle nach und nach flachdrücken.

Abschluss
Alle überstehenden Enden von Boden, Seitenwand und Rand abschneiden.

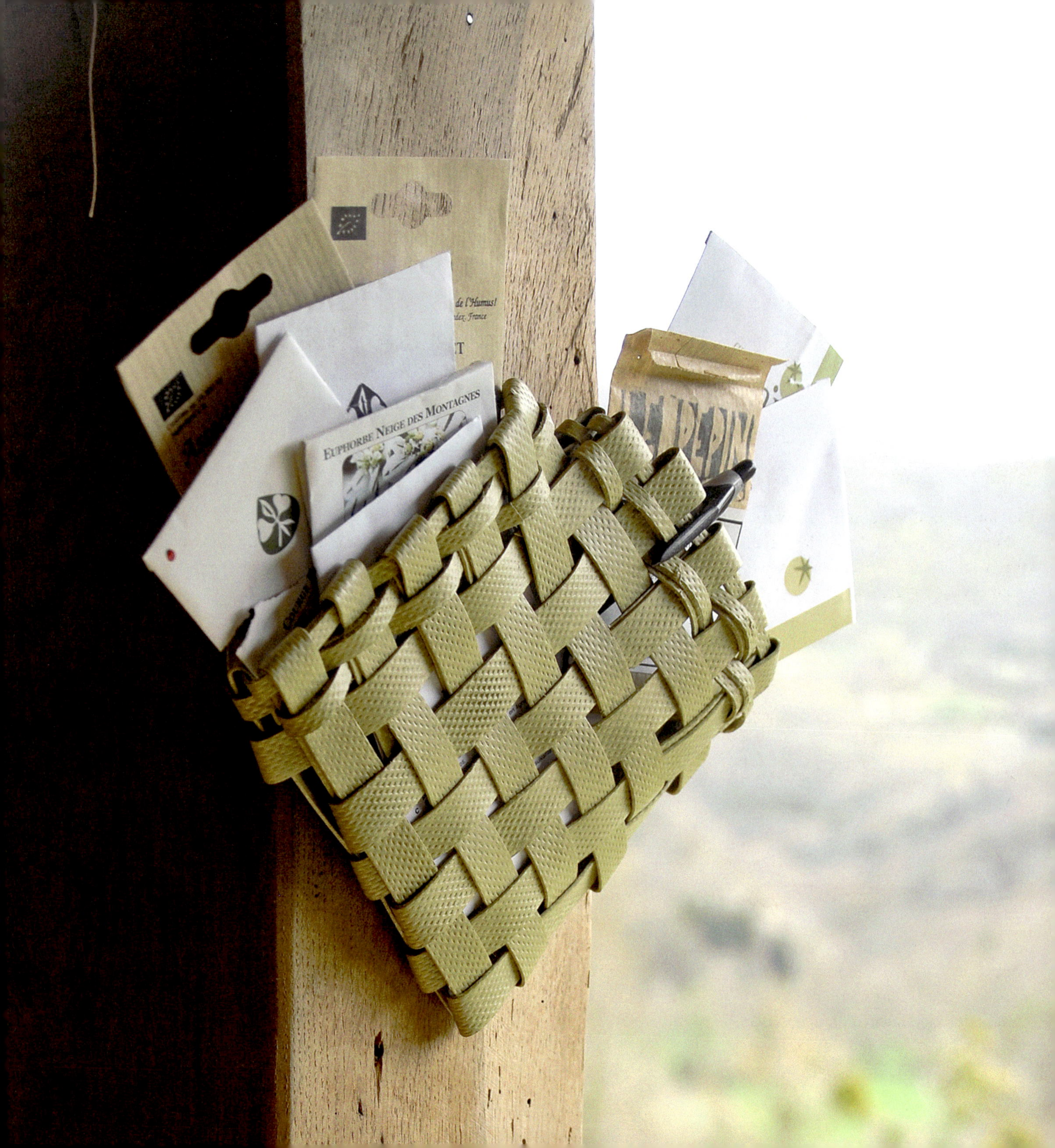
EUPHORBE NEIGE DES MONTAGNES

Wandkorb

Größe des fertigen Objekts: Kantenlänge des Quadrats 17 cm

Material
- 14 Verpackungsbänder, z.B. khakifarben, 50 cm lang

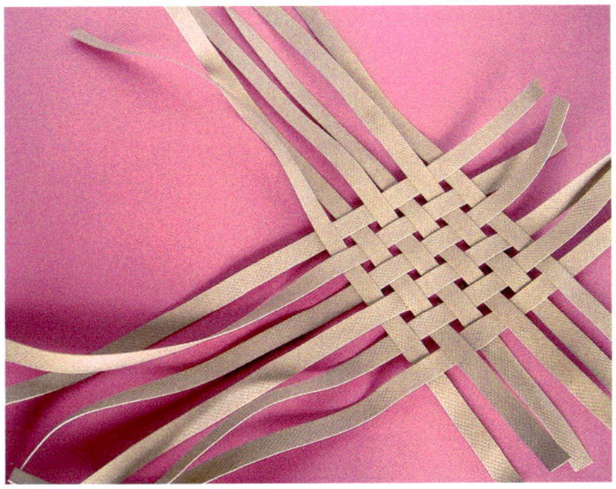

Die Unterseite aus zweimal 6 Bändern flechten, dabei die Bänder an den beiden kurzen Seiten jeweils 10 cm überstehen lassen. Zwischen den Bändern 1 cm Zwischenraum lassen.

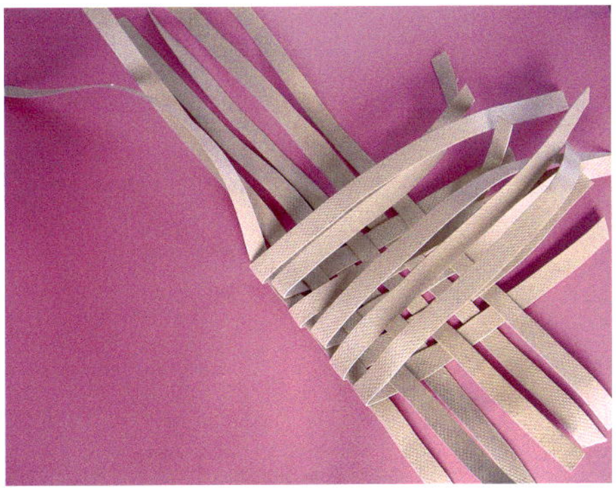

Die 6 langen Bandenden einer Seite knicken und auf das untere Flechtwerk falten.

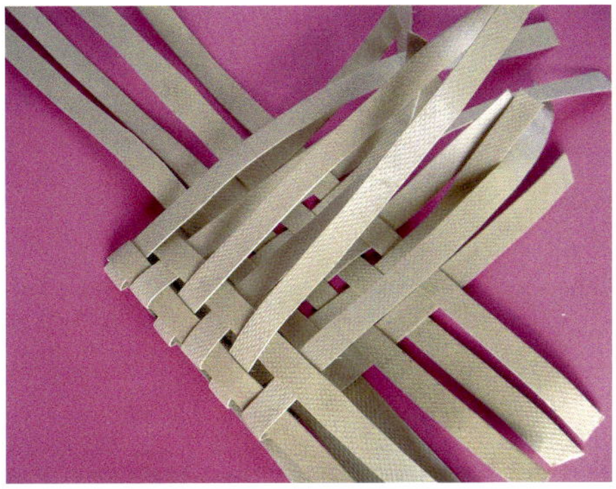

Nach und nach die anderen 6 langen Bandenden knicken und mit den umgelegten Bändern verflechten.

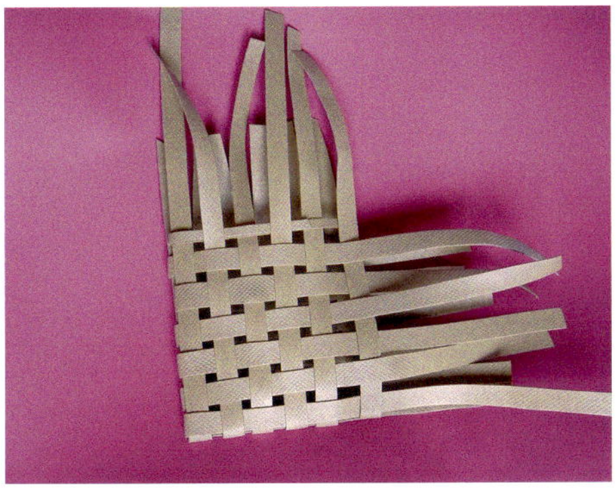

Die 2 übrigen Bänder durch 2 Längsschnitte mit der Schere in jeweils 3 schmale Streifen schneiden und damit jeweils 3 Runden normal um die Bänder flechten, so dass die Öffnung eingefasst wird.

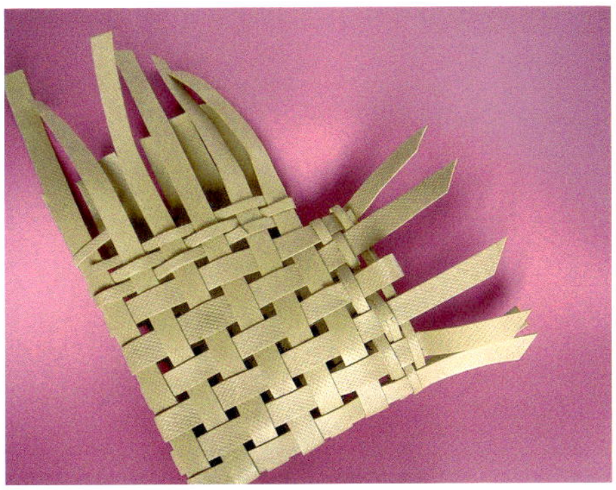

Die Öffnung auf der anderen Seite in gleicher Weise umflechten. Die Enden der Bänder spitz zuschneiden.

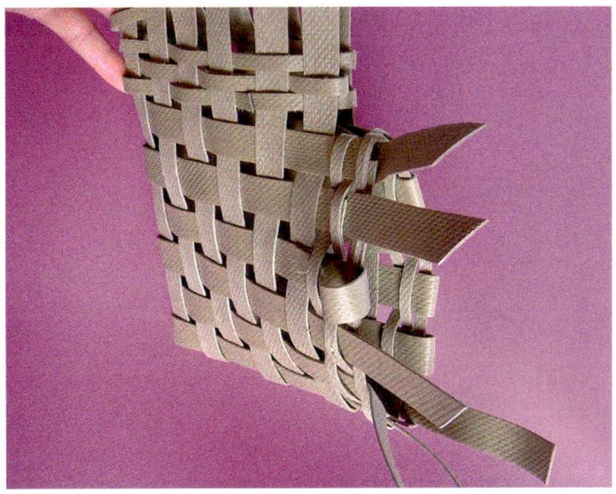

Alle Bandenden in das Innere des Korbes umbiegen und unterstecken.

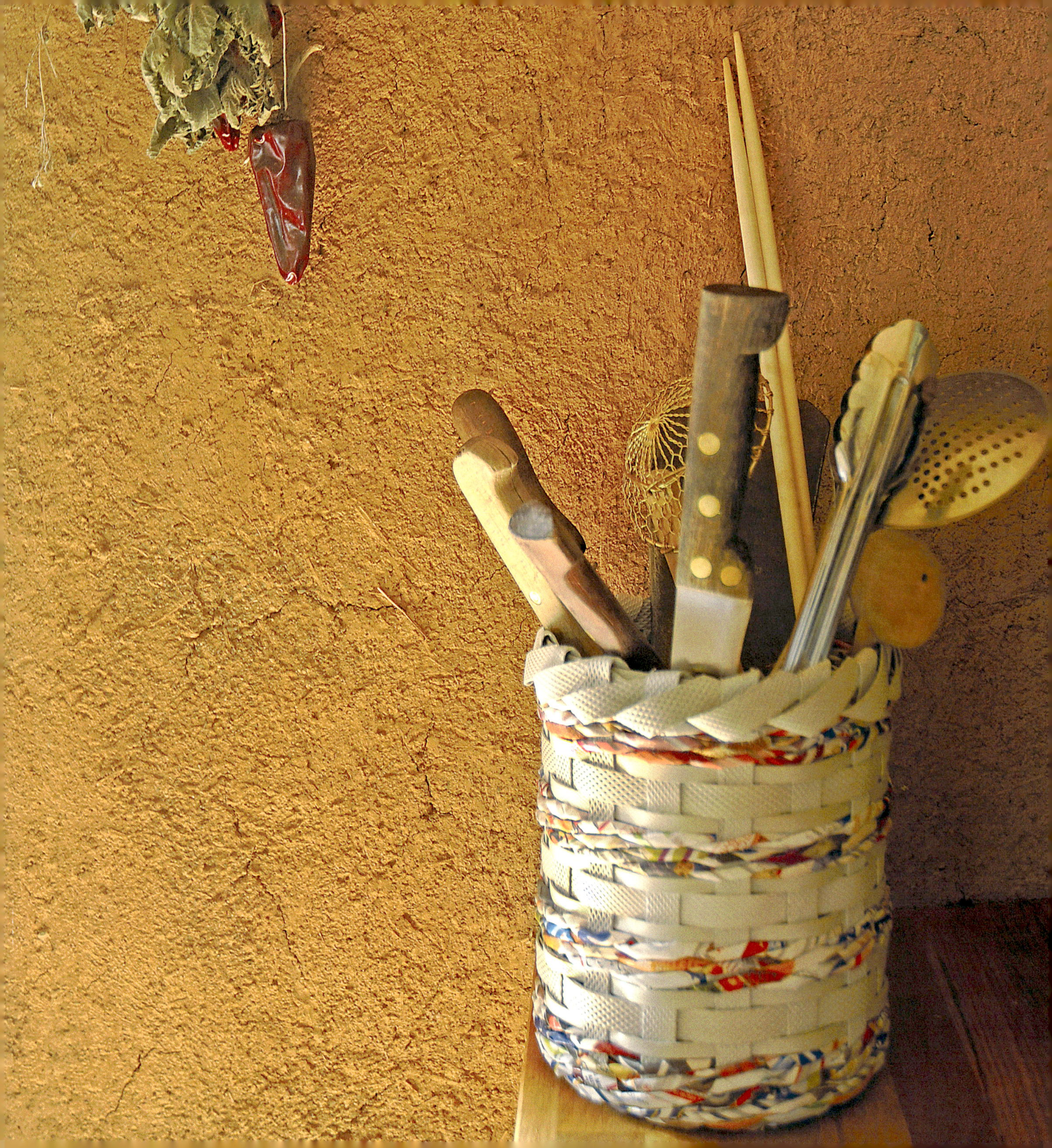

Utensilienbehälter

Größe des fertigen Objekts: 20 cm Höhe, 17 cm Durchmesser

Material

- 8 graue Verpackungsbänder, 85 cm lang, für Boden, Seitenwand und Rand
- 6 schmale Plastikbänder, 60 cm lang, für die Seitenwand
- 4 breitere Plastikbänder, 60 cm lang, für die Seitenwand
- 1 breites Plastikband, 60 cm lang, für den oberen Rand
- 45 Rollen aus Reklamepapier zum Flechten des Bodens und der Seitenwand
- 1 große Konservendose, 16 cm Durchmesser, als Form

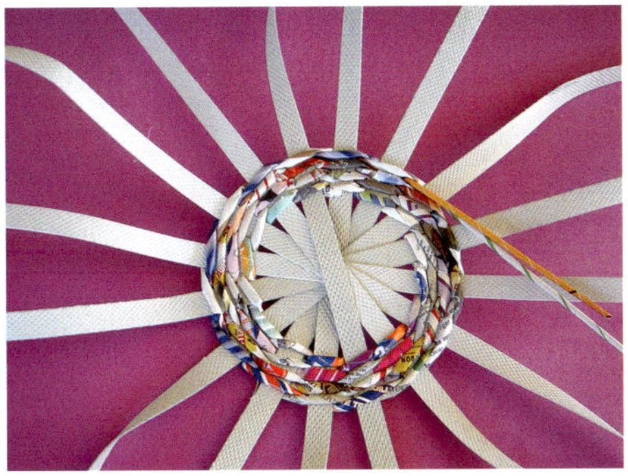

Boden

Aus 8 grauen Plastikbändern einen Sternboden legen (vgl. Seite 9). Mit Papierrollen 4 Runden fitzen, um einen Durchmesser von 17 cm zu erhalten.

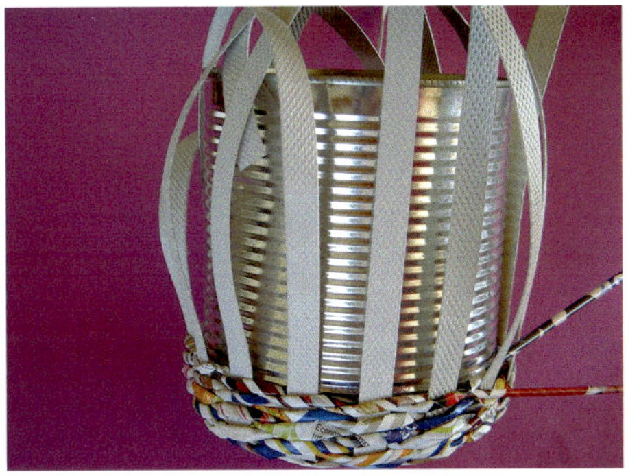

Seitenwand

Dann die Staken aufrichten.
Die Dose hineinstellen und die Staken mit einem Gummiband fixieren. Weitere 4 Runden fitzen.

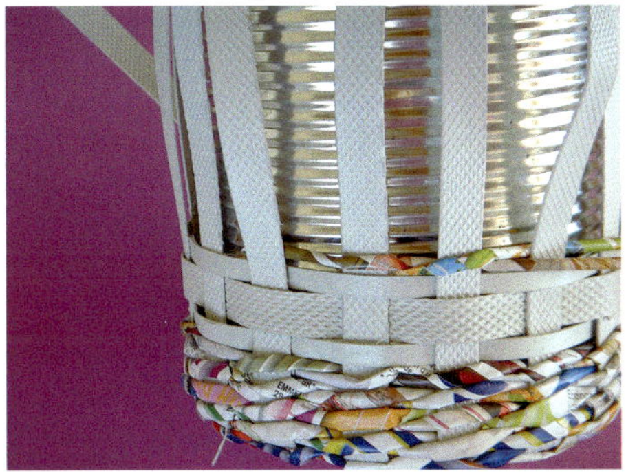

Zur Abwechslung 2 Runden mit schmalen Bändern normal flechten, unterbrochen durch eine Runde mit breitem Band.

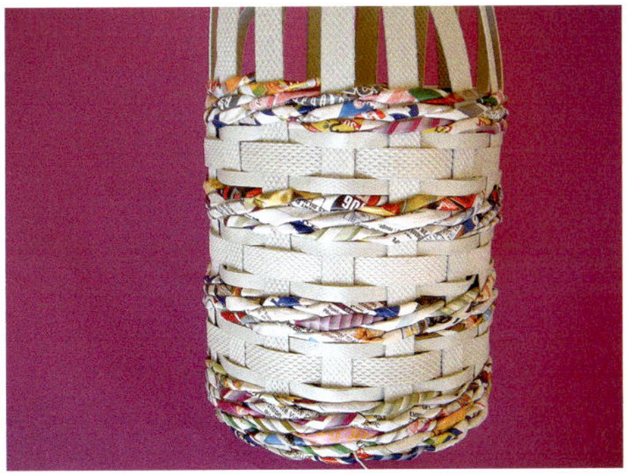

Dieses Flechtmuster zweimal wiederholen, d.h. jeweils 3 gefitzte Runden aus Papierrollen und drei Runden aus den Plastikbändern anschließen.

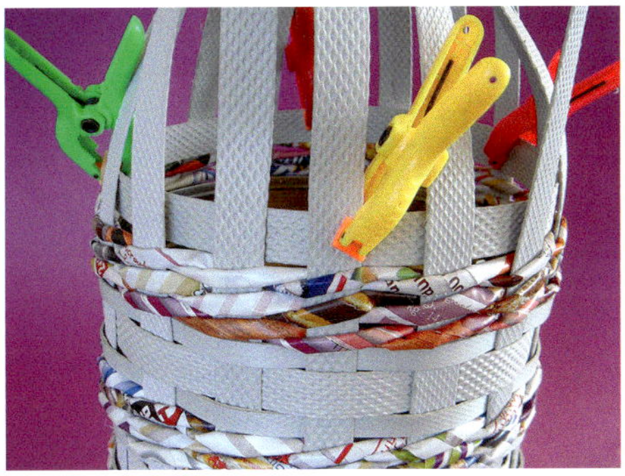

Rand

Innen am oberen Rand des Korbes ein 60 cm langes Plastikband einlegen und mit Klammern festhalten.

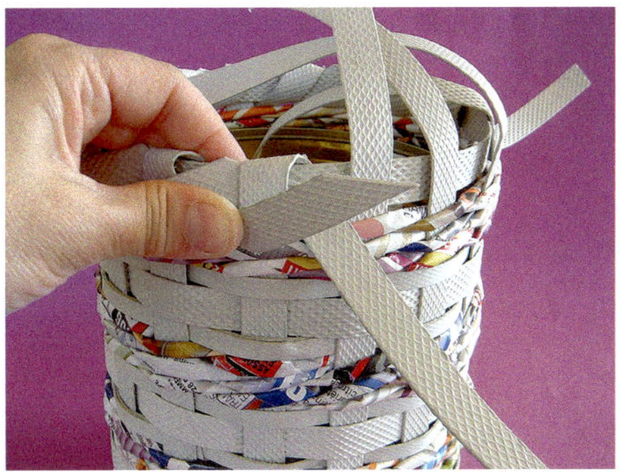

Die Staken um das Band zu einem Zickzackrand verflechten (vgl. Seite 12).

Abschluss

Alle überstehenden Enden von Boden, Seitenwand und Rand abschneiden.

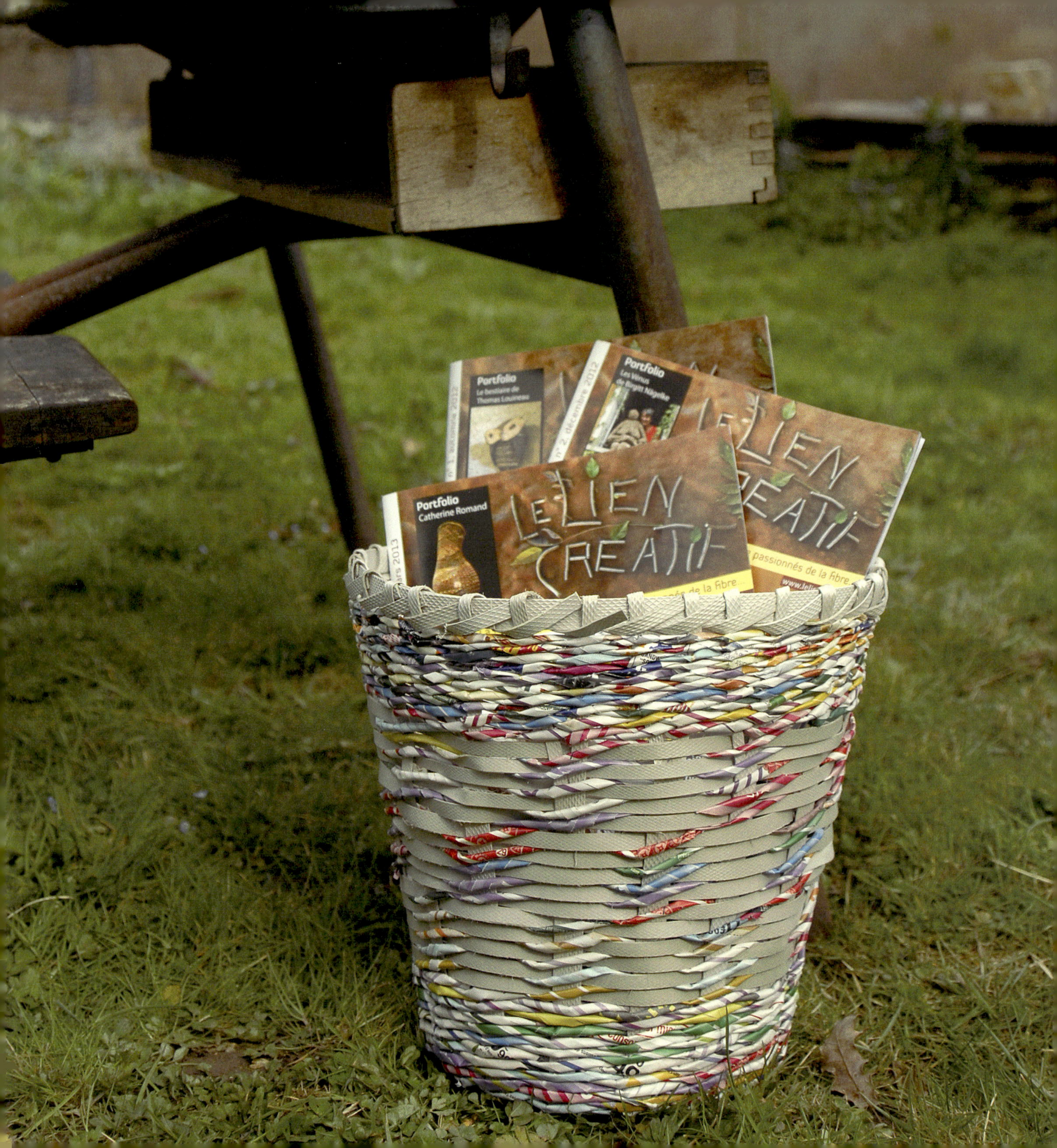
Portfolio
Catherine Romand
Portfolio
Le bestiaire de Thomas Louineau
Portfolio
Le Lien Créatif
passionnés de la fibre

Großer Korb

Größe des fertigen Objekts: 28 cm Höhe, Durchmesser unten 20 cm, oben 29 cm

Material

- 16 graue Verpackungsbänder, 110 cm lang für die Staken und zum Flechten von Seitenwand und Rand
- 1 Verpackungsband, 60 cm lang, für den Rand
- 15 schmale Plastikbänder, 85 cm lang, für die Seitenwand
- 100 Rollen aus Reklamepapier für das Flechten des Bodens und der Seitenwand
- 1 Papierkorb (als Form)

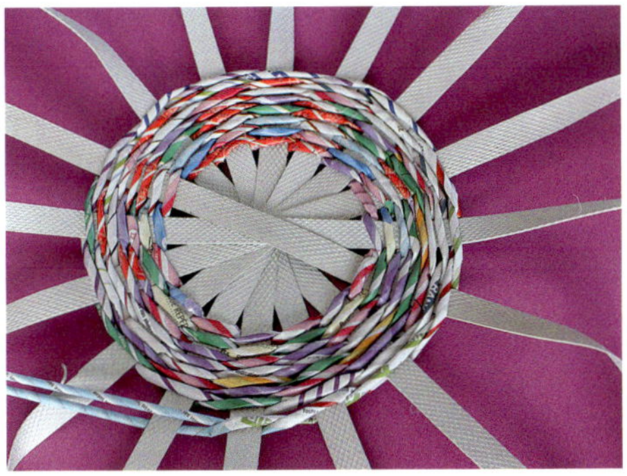

Boden

Aus 8 Plastikbändern einen Sternboden legen (vgl. Seite 9). 4 Runden fitzen

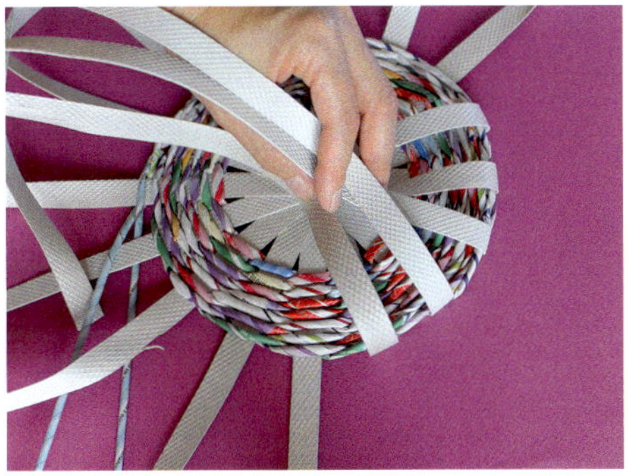

(wie auf Seite 11 beschrieben), um einen Durchmesser von 20 cm zu erhalten. Die Bänder knicken, um den Rand des Bodens gut zu markieren.

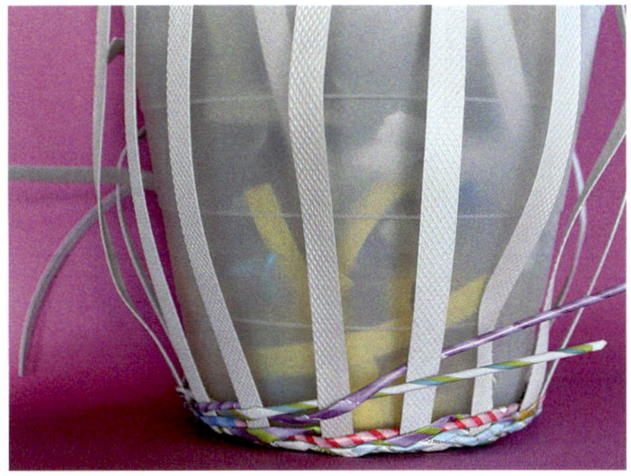

Seitenwand

Einen Papierkorb als Form hineinstellen und mit einem Gummiband fixieren.

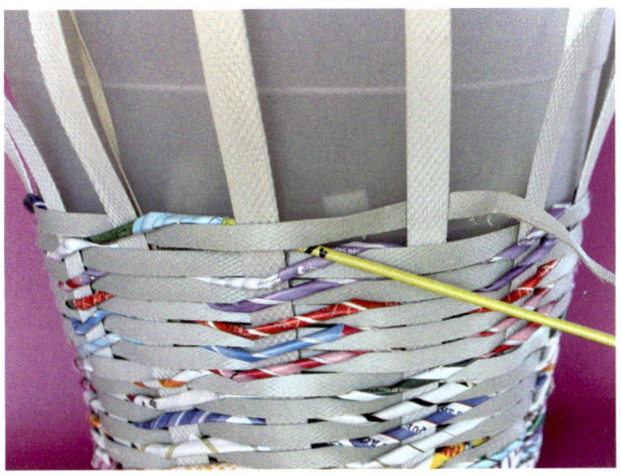

Zunächst 9 Runden mit Rollen aus Reklamepapier normal flechten. Dann 3 Musterstreifen à 5 Runden mit schmalen Kunststoffbändern und Papierrollen fitzen.

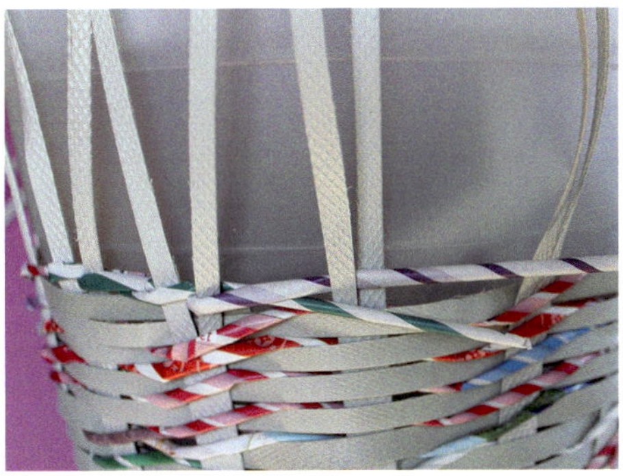

Die Staken oben der Länge nach schlitzen und weitere 9 Runden mit Papierrollen fitzen.

Rand

Innen am oberen Rand des Korbes ein 60 cm langes Plastikband einlegen. Nun die

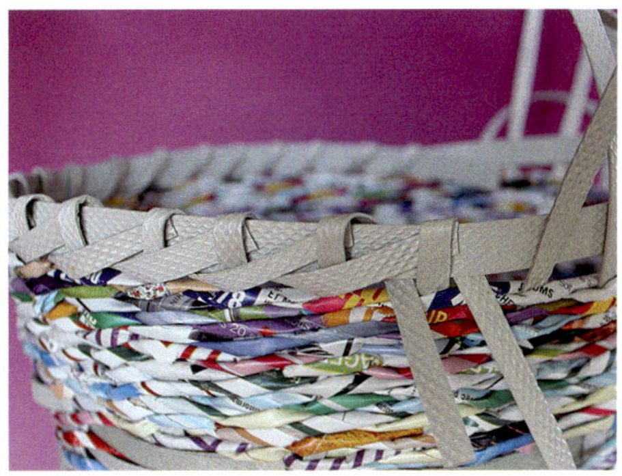

Staken um das eingelegte Band zum Zickzackrand verflechten, wie auf Seite 12 beschrieben.

Abschluss

Alle überstehenden Enden von Boden, Seitenwand und Rand abschneiden.

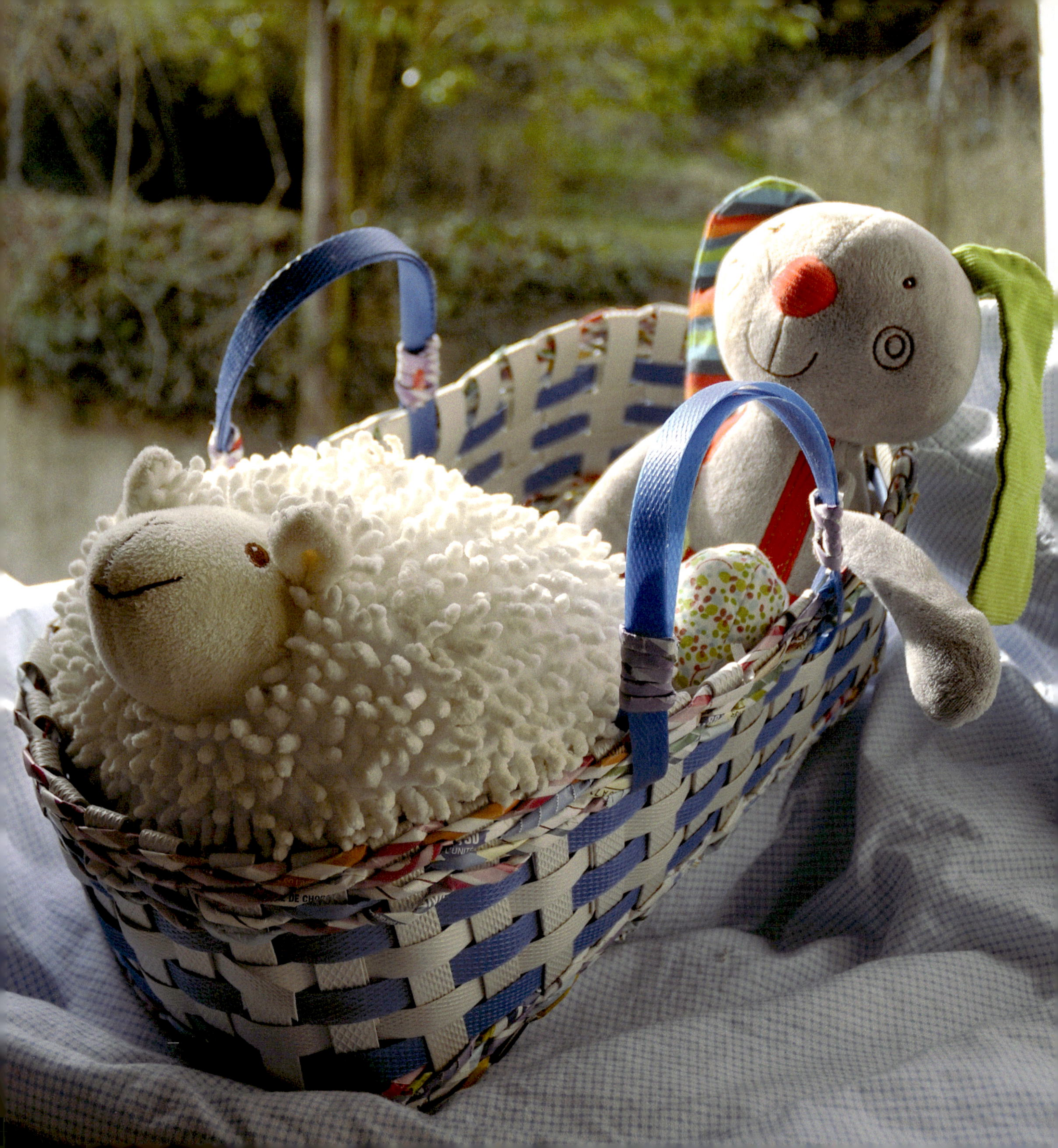

Tragetasche, z.B. für Puppen

Größe des fertigen Objekts: 12 cm Höhe, 40 cm Länge, 20 cm Breite

Material

- 12 graue Verpackungsbänder, 60 cm lang, als Staken
- 6 Verpackungsbänder, 80 cm lang, ebenfalls als Staken
- 2 graue Verpackungsbänder 110 cm lang, für die Seitenwand
- 3 blaue Plastikbänder, 110 cm lang, für die Seitenwand
- 2 blaue Plastikbänder, 100 cm lang, für die Griffe
- 50 Rollen aus Reklamepapier zum Flechten der Seitenwand und Umwickeln der Henkel
- Klebstoff bzw. Klebeband zum Fixieren der Henkel

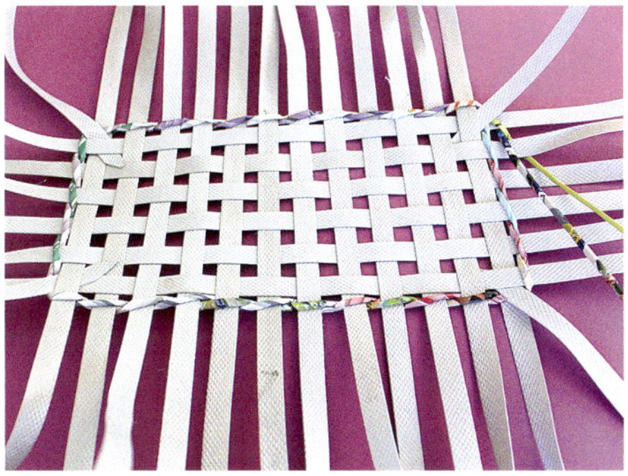

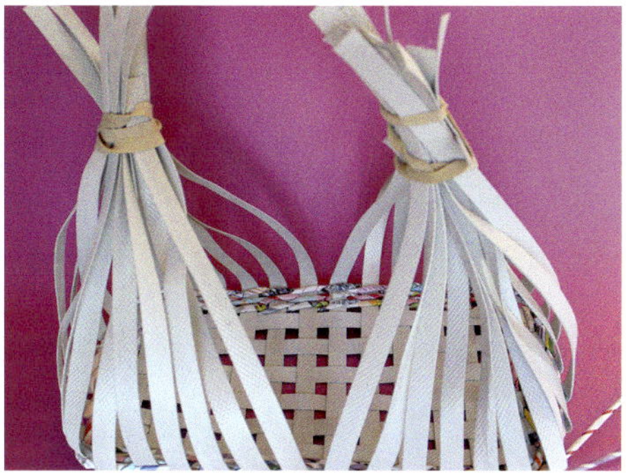

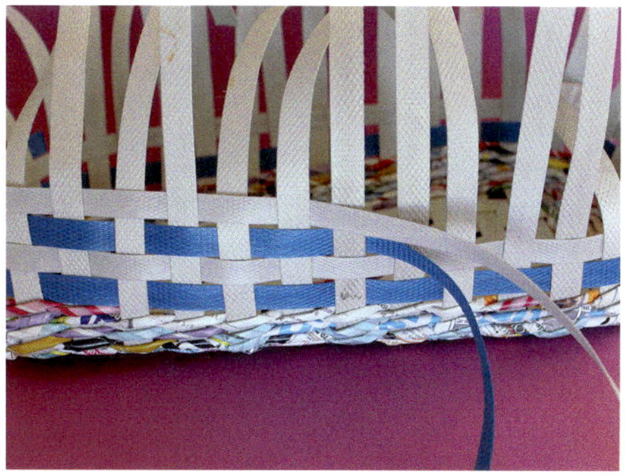

Boden

Aus den 12 Bändern für die Breite und 6 Bändern für die Länge den Boden flechten (siehe Erklärung auf Seite 10). 4 graue Bänder, 35 cm lang, am Ende spitz zuschneiden und in die Ecken des Bodens stecken. Als Abschluss des Bodens mit Papierrollen 2 Reihen fitzen. Nun die Staken aufrichten und in 2 Bündeln zusammenfassen.

Seitenwand

4 Runden mit Rollen aus Reklamepapier fitzen. Anschließend mit den blauen und grauen Bändern im Wechsel 5 Runden normal flechten.

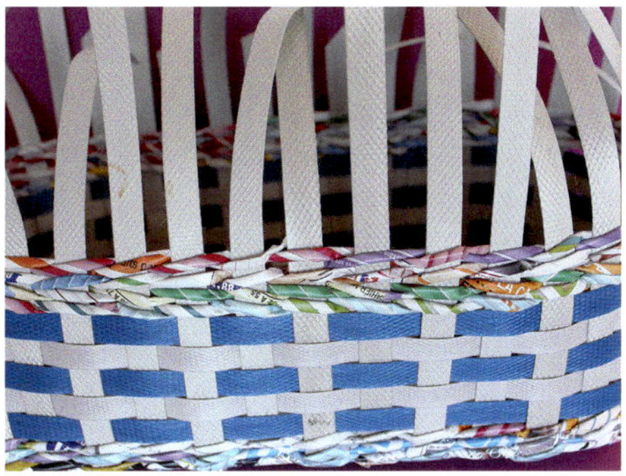

Abschließend mit den Rollen aus Reklamepapier 4 Runden fitzen. Die Staken schräg abschneiden, so dass sie noch 8 cm überstehen.

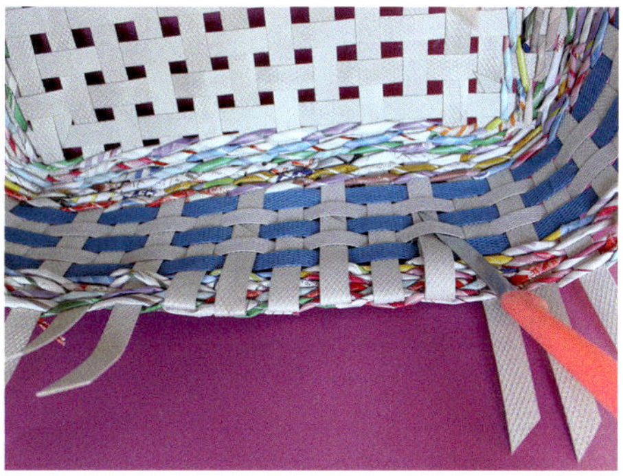

Rand

Mit Hilfe eines Messers die Plastikbänder nacheinander in das Flechtwerk stecken.

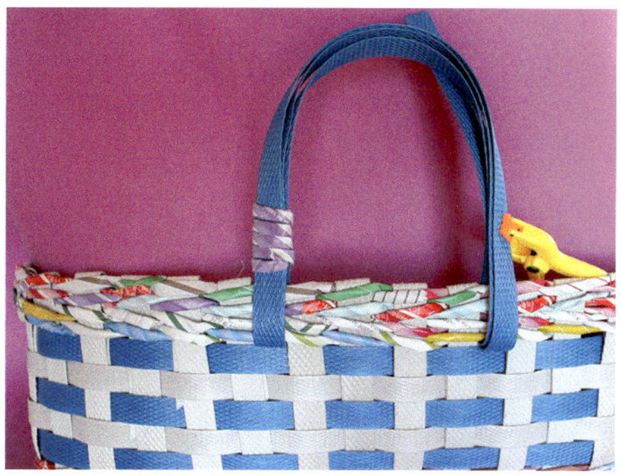

Henkel

Die Bandenden unter dem Rand im Abstand von 10 cm durchstecken, mit Klammern und anschließend mit Klebeband fixieren, 5 Runden mit abgeflachter Papierrolle umwickeln und festkleben.

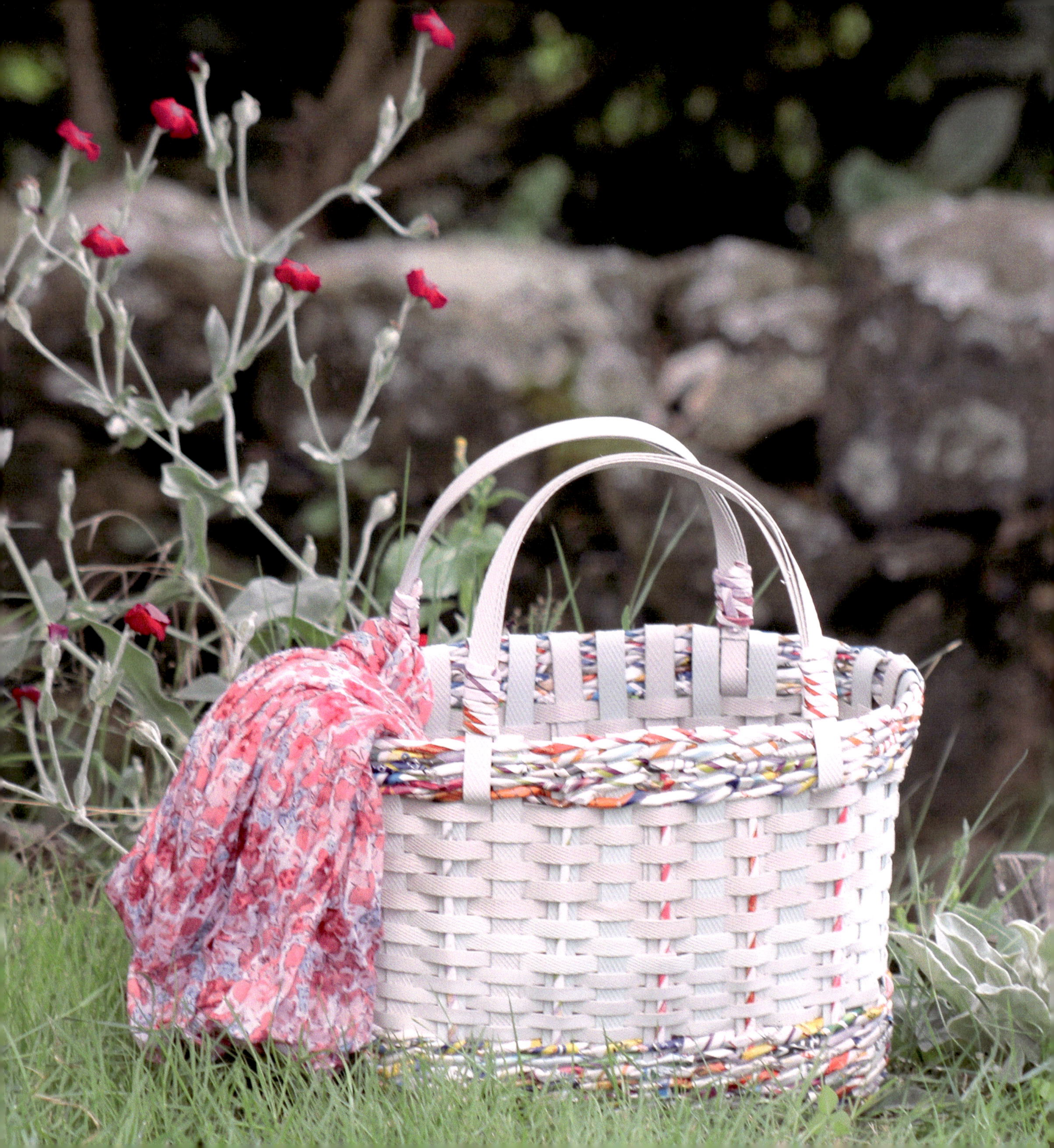

Einkaufskorb

Größe des Objekts: 22 cm Höhe, 34 cm Länge, 18 cm Breite

Material

- 9 graue Verpackungsbänder, 75 cm lang, für die Staken
- 4 Verpackungsbänder, 90 cm lang, für die Staken
- 10 lange, schmale, graue Plastikbänder für die Seitenwand
- 2 blaue Plastikbänder, 135 cm lang, für die Henkel
- 80 Rollen aus Reklamepapier zum Flechten der Seitenwand und zum Umwickeln der Griffe
- Klebeband bzw. Klebstoff, um die Griffe zusammenzuhalten

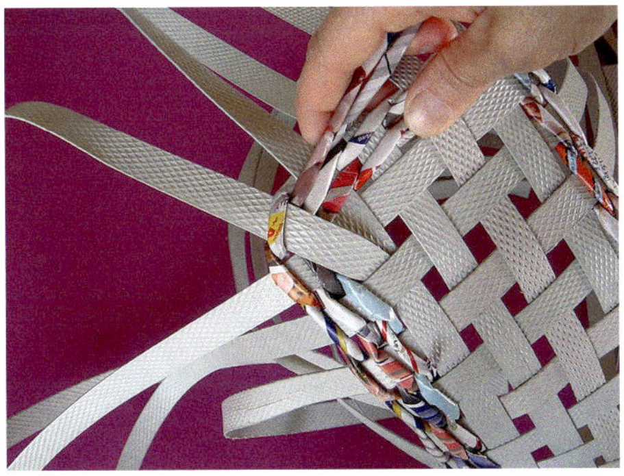

Boden

Aus den 9 Bändern für die Breite und den 4 Bändern für die Länge den Boden flechten (Erklärung auf S. 10). 4 graue Bänder, 45 cm lang, spitz zuschneiden und in jede Ecke des Bodens stecken.

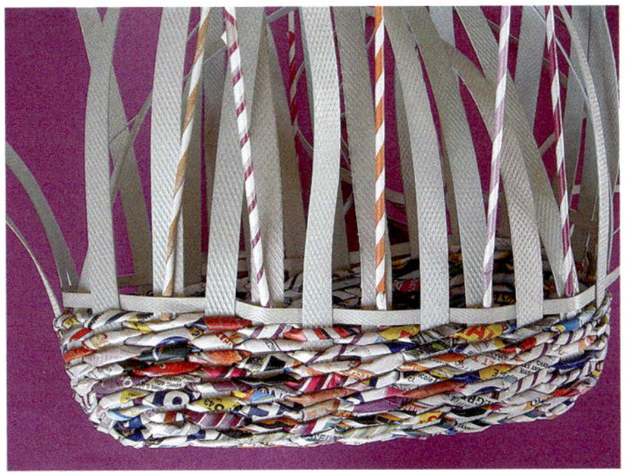

Seitenwand

Staken aufrichten und mit Rollen aus Reklamepapier 7 Runden fitzen. Dabei 5 Rollen parallel zu den Staken einarbeiten.

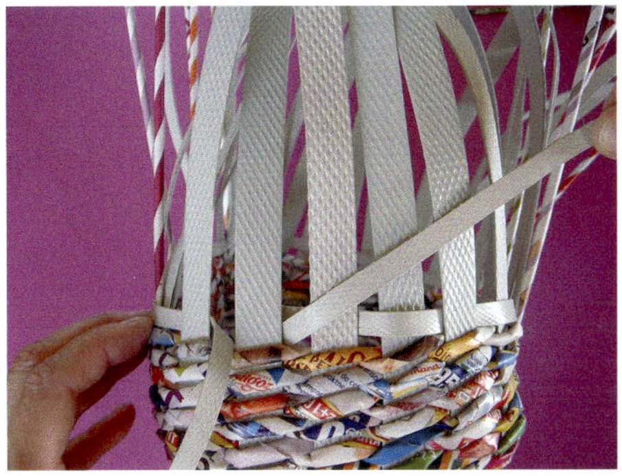

Anschließend mit einem schmalen Band eine Runde einfach flechten und vor der nächsten Runde ein weiteres schmales Band einflechten.

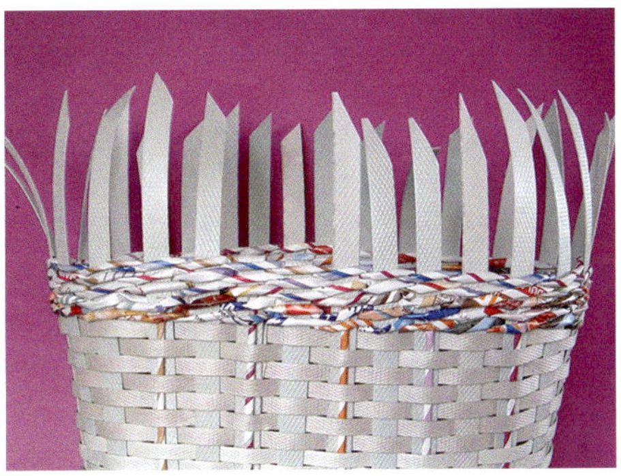

Nun mit den 2 Bändern abwechselnd und gegeneinander versetzt insgesamt 14 Runden flechten (fitzen).
Zum Abschluss mit Rollen aus Reklamepapier 5 Runden fitzen. Die Staken 8 cm über dem Rand schräg abschneiden.

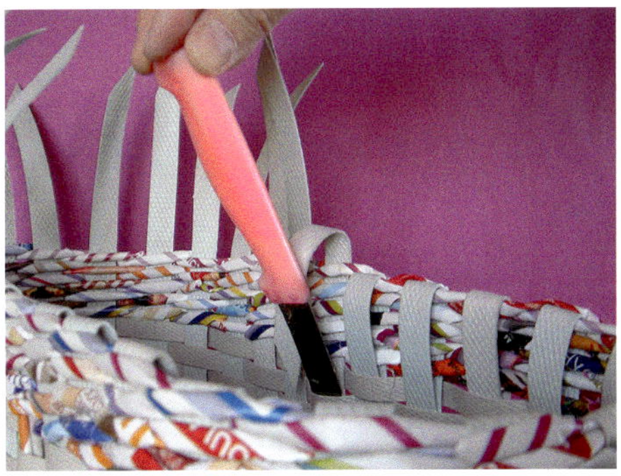

Rand

Mithilfe eines Messers die Plastikbänder nacheinander in das Flechtwerk stecken.

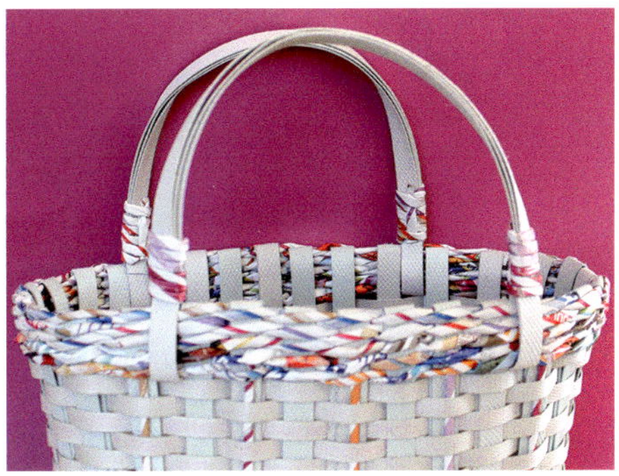

Die Henkel

Die Bandenden im Abstand von 16 cm unter dem Rand durchstecken, mit Klammern halten und mit Klebeband umwickeln. Mit abgeflachter Rolle 6 Runden umwickeln.

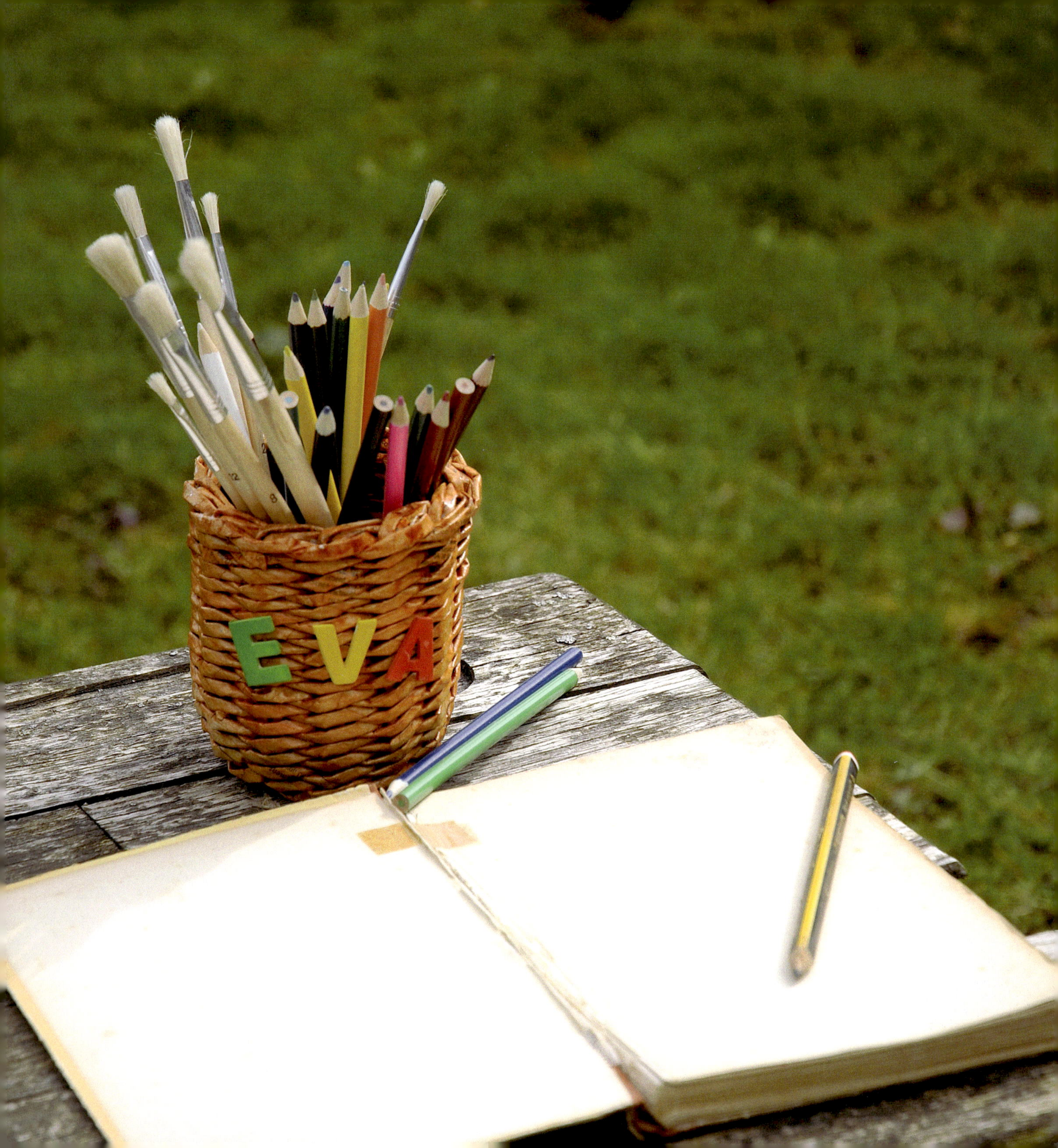
EVA

Bleistiftbehälter

Größe des fertigen Objekts: 12 cm Höhe, 11 cm Durchmesser

Material

- 12 Rollen Zeitungspapier für die Staken
- 25 Rollen Zeitungspapier zum Flechten der Seitenwand
- Marmeladenglas
- Acrylfarbe
- Farbiges Papier

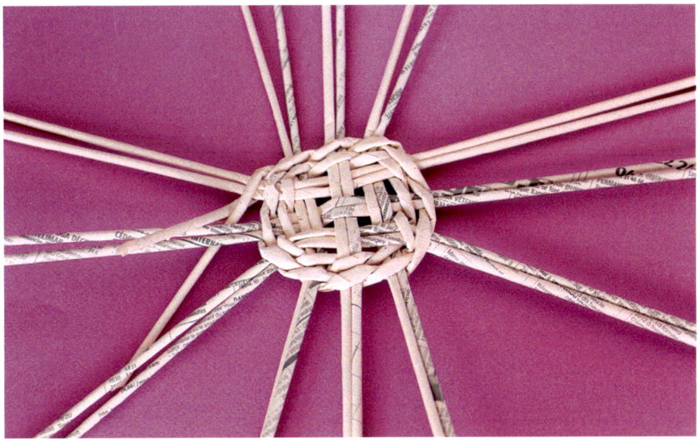

Boden

Aus zweimal 3 Rollenpaaren einen Boden flechten (siehe Erklärung auf Seite 9) und anschließend 2 Runden fitzen.

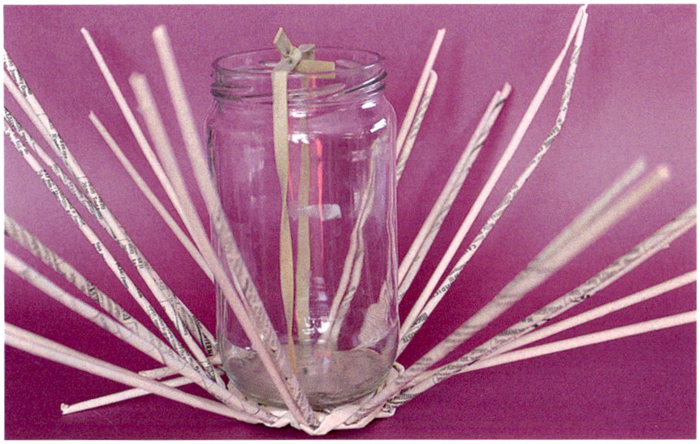

Die Staken aufrichten, das Glas hineinstellen und mit einem Gummiband fixieren.

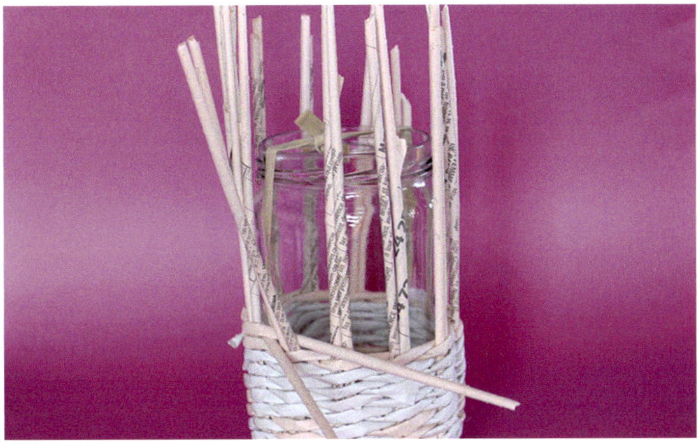

Seitenwand

Mit Rollen aus Zeitungspapier 16 Runden fitzen.

Rand

Die Staken zum einfachen Rand in 2 Schritten verflechten, wie auf Seite 12 beschrieben.

Abschluss

Zum Schluss alle überstehenden Enden von Boden, Seitenwand und Rand abschneiden.

Dekor

Das Körbchen mit weißer Farbe grundieren, dann z.B. mit Braun übermalen. Aus Buntpapier Muster oder Buchstaben nach Wahl ausschneiden und auf das Körbchen kleben.

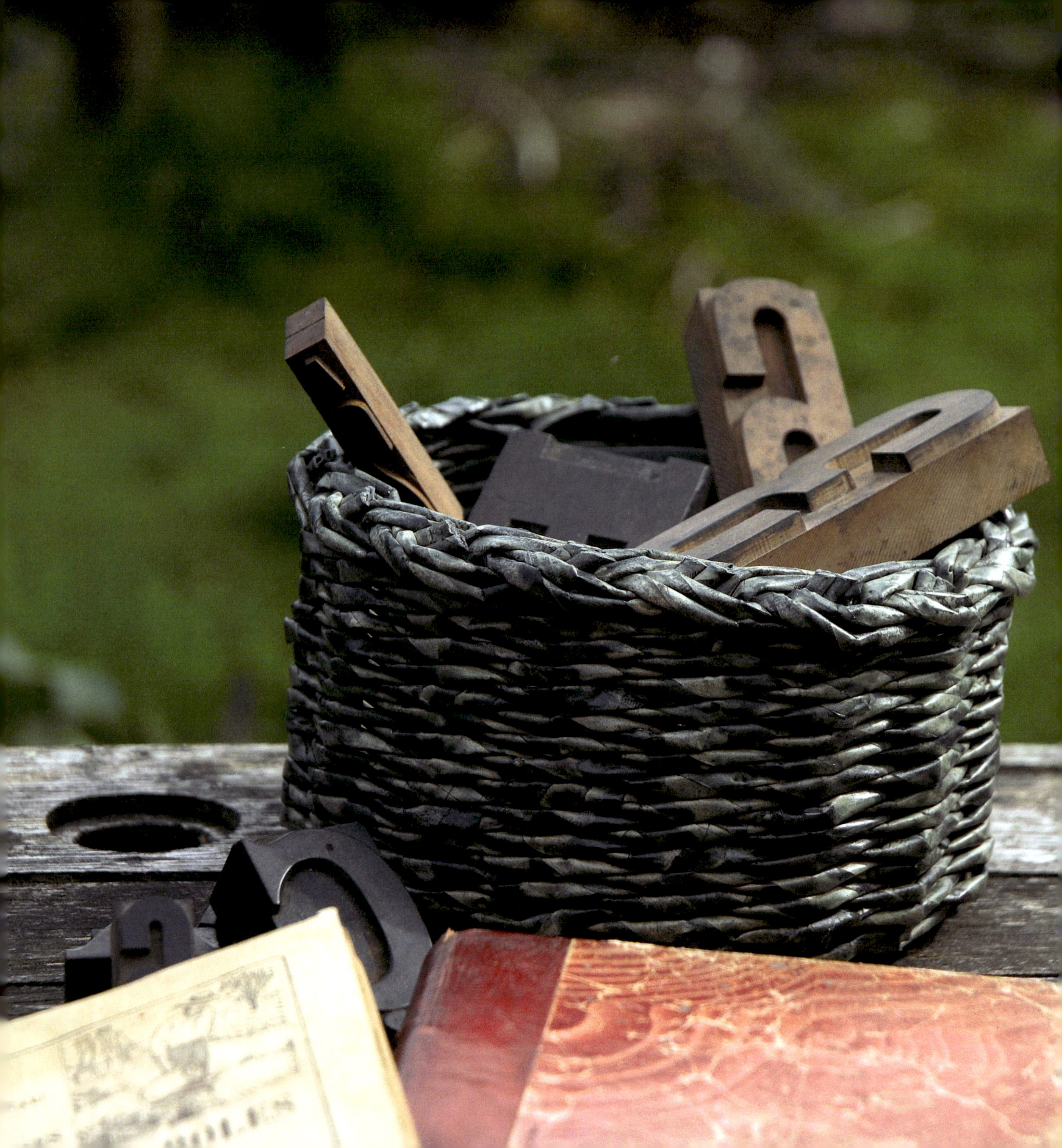

Farbiger Korb

Größe des fertigen Objekts: 10 cm Höhe, 18 cm Durchmesser

Material

- 16 lange Rollen aus Zeitungspapier für die Staken und den Rand
- 40 Rollen aus Zeitungspapier zum Flechten der Seitenwand
- Holzlasur, z.B. in Flaschengrün
- Kunststoffdose als Form

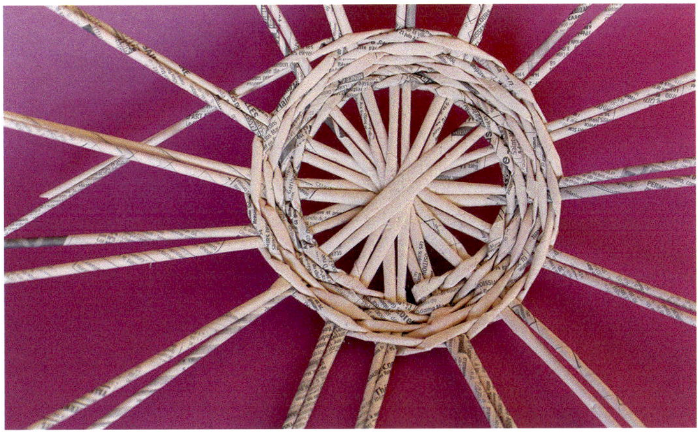

Boden
Aus 16 langen Rollen einen Sternboden legen, wie auf Seite 9 beschrieben. Mit Papierrollen 5 Runden fitzen, um einen Kreis mit 16 cm ø zu erhalten. Dann die Staken aufrichten.

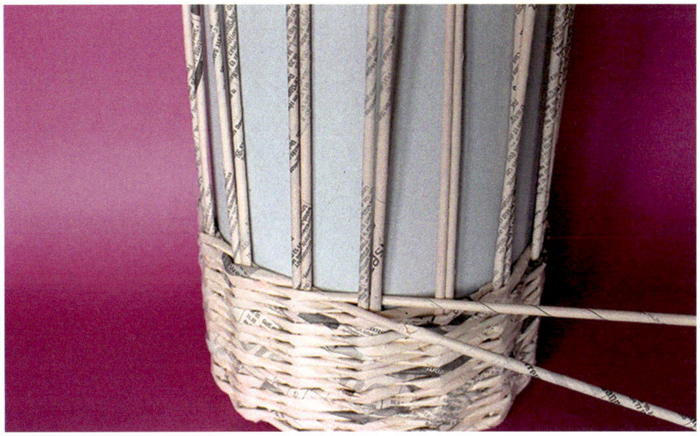

Seitenwand
Die Kunststoffdose hineinsetzen und die Staken mit einem Gummiband fixieren. Mit Rollen aus Zeitungspapier 14 Runden fitzen.

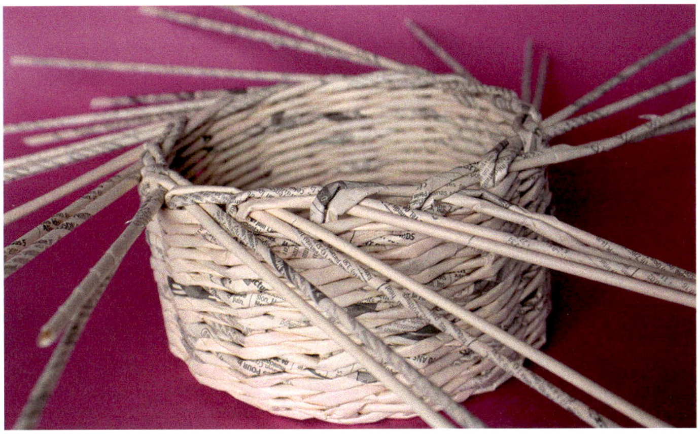

Rand
Die Staken zum einfachen Abschluss in 2 Schritten verflechten, wie auf Seite 12 beschrieben.

Abschluss
Zum Schluss alle überstehenden Enden von Boden, Seitenwand und Rand abschneiden.

Dekor
Den Korb innen und außen z.B. mit grüner Lasur streichen. Gegebenenfalls können Verzierungen nach eigenen Wünschen in die Seitenwand eingearbeitet werden.

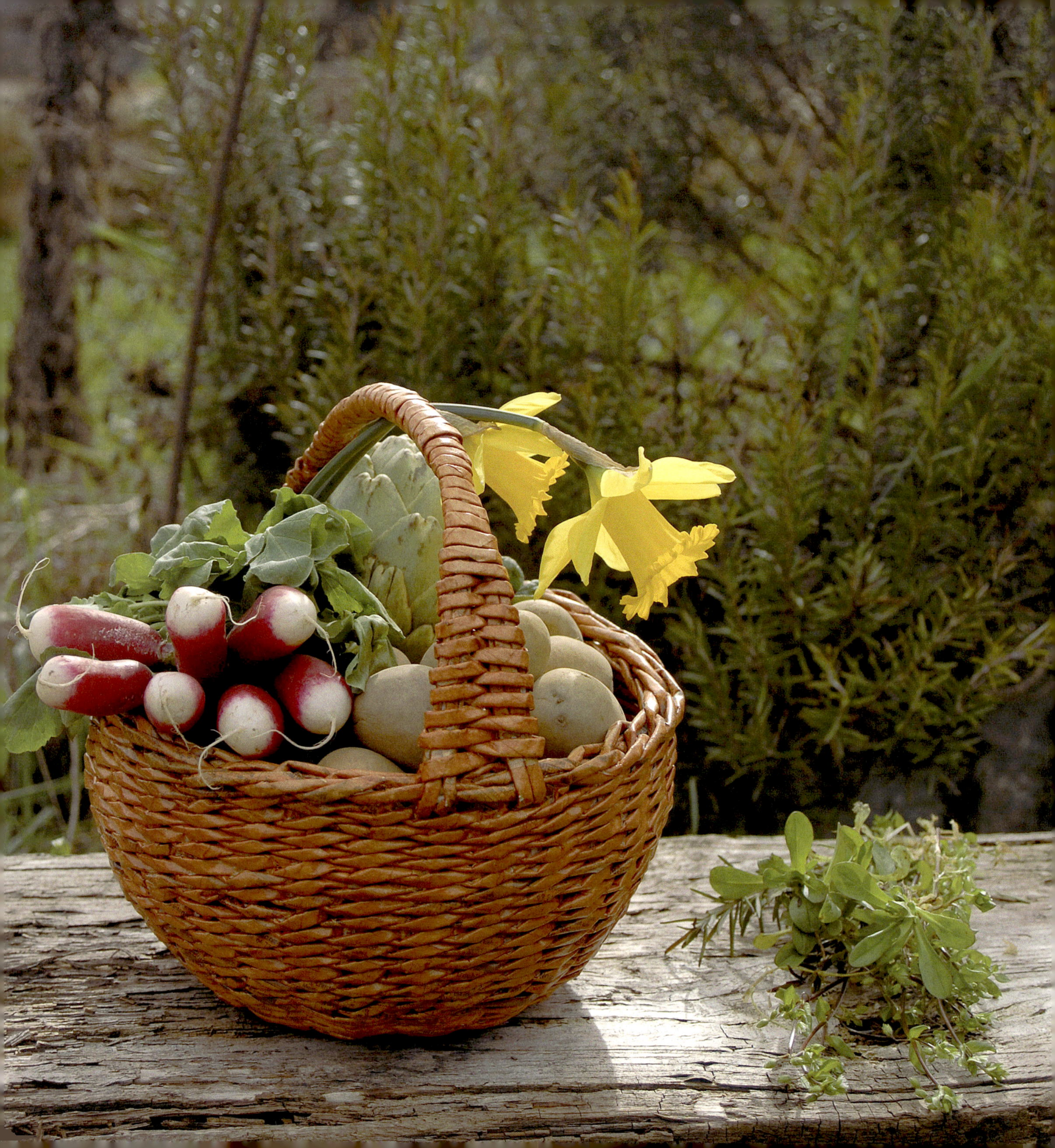

Korb mit Henkel

Größe des Objekts: 14 cm Höhe, Durchmesser oben 23 cm

Material

- 16 lange Rollen aus Zeitungspapier für die Staken
- 55 Rollen aus Zeitungspapier zum Flechten von Korbwand und Rand
- 18 Rollen aus Zeitungspapier für den Henkel
- Klebeband, um den Henkel zusammenzuhalten
- Kunststoffschüssel als Form
- Holzlasur, z.B. Eiche hell

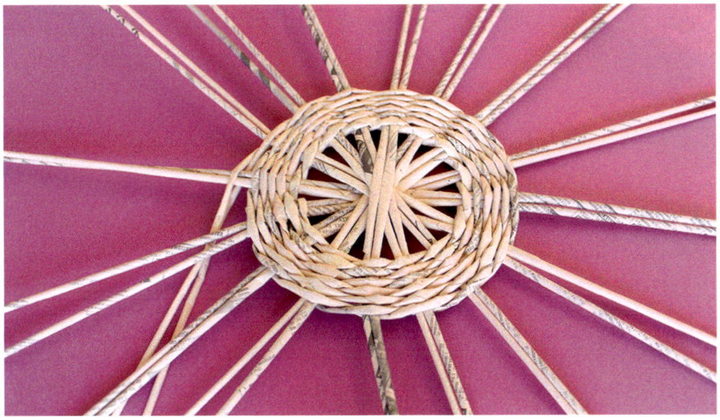

Boden

Aus 8 langen Rollenpaaren einen Sternboden legen (vgl. S. 9). 2 Runden fitzen, bis ein Durchmesser von 12 cm erreicht ist.

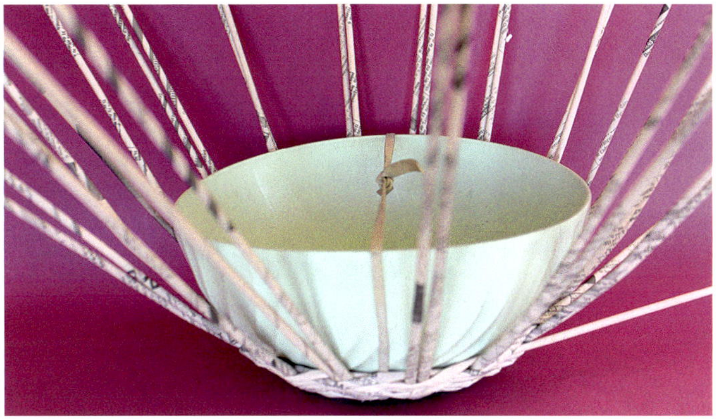

Die Salatschüssel hineinsetzen und die Staken mit einem Gummiband festhalten.

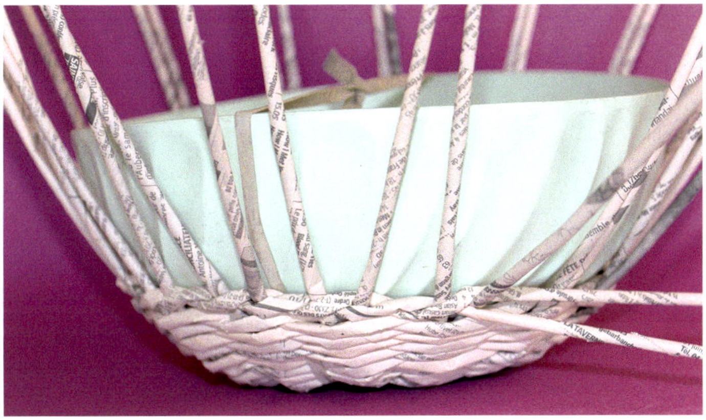

Seitenwand

7 Runden fitzen.

Dann die Staken trennen und weitere 15 Runden fitzen.

Rand

Die Staken zum einfachen Rand in 2 Schritten verflechten, wie auf Seite 12 beschrieben.

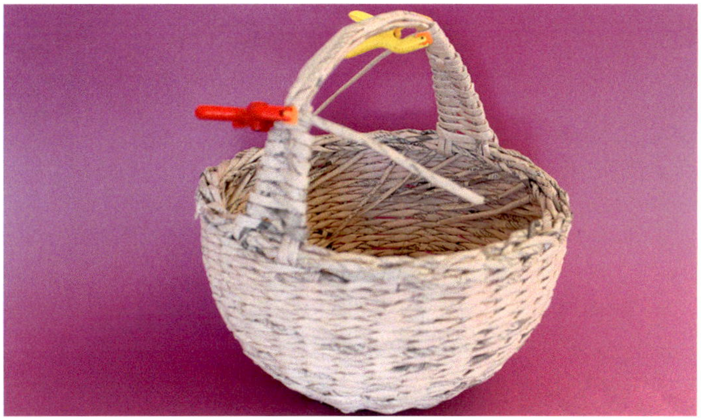

Henkel

Aus 2 paarweise eingesteckten langen Rollen einen breiten Henkel arbeiten. Den Kern mit abgeflachten Rollen umflechten. Zum Festkleben die Enden mit Klammern fixieren.

Abschluss

Zum Schluss alle überstehenden Enden abschneiden und den Korb innen und außen mit einer Holzlasur z.B. braun streichen.

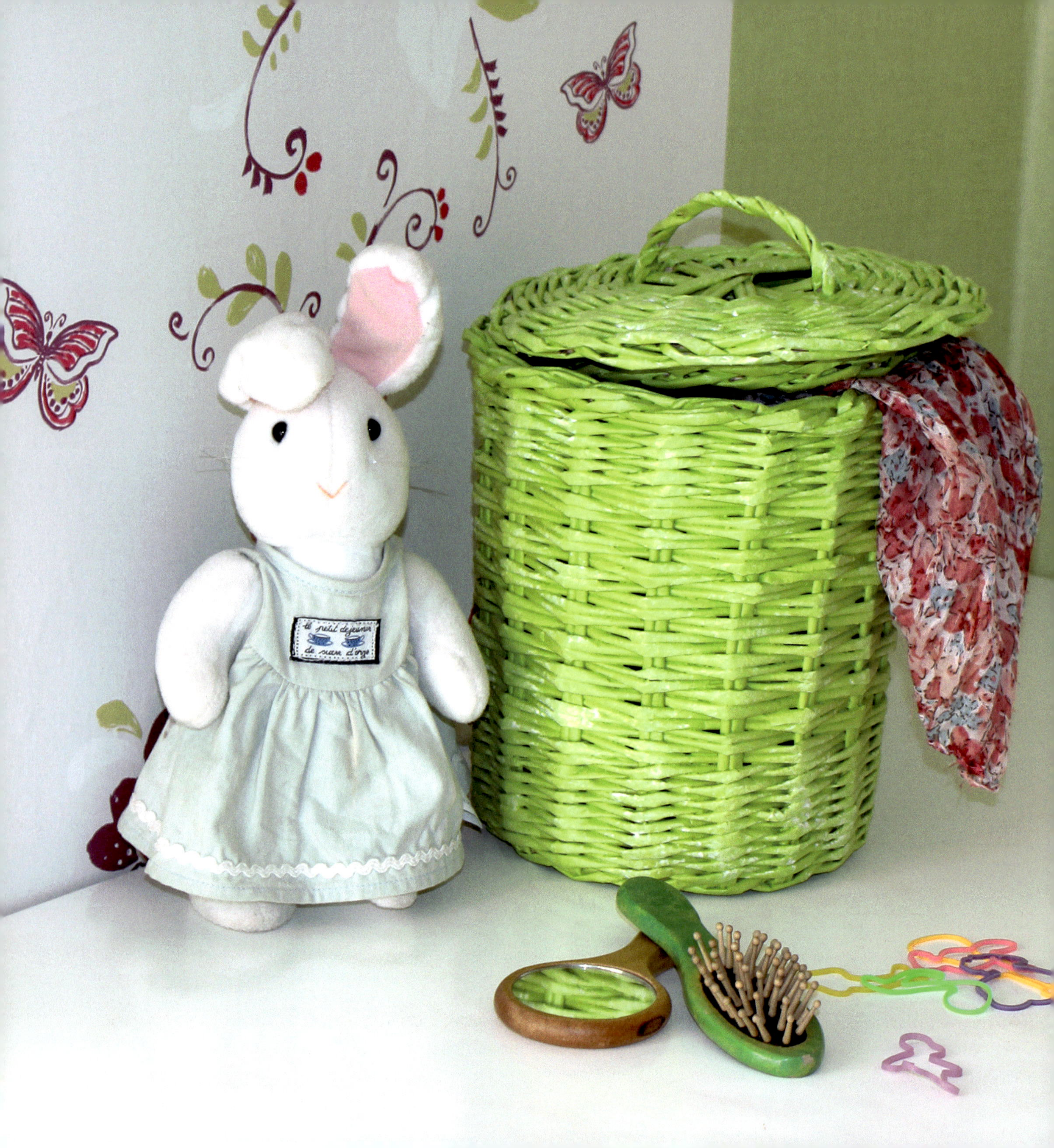

Korb mit Deckel

Größe des Objekts: 22 cm Höhe, Durchmesser oben 21 cm

Material für den Korb

- 16 lange Rollen aus Zeitungspapier als Staken für Boden, Seitenwand und Rand
- 65 Rollen aus Zeitungspapier zum Flechten der Korbwand
- Papierkorb aus Kunststoff als Form
- Acrylfarbe, z.B. apfelgrün und weiß

Material für den Deckel

- 16 lange Rollen aus Zeitungspapier als Staken für den Deckel
- 20 Rollen aus Zeitungspapier für die Flechtstränge
- Acrylfarbe, z.B. apfelgrün und weiß
- Holzlasur, z.B. Eiche hell

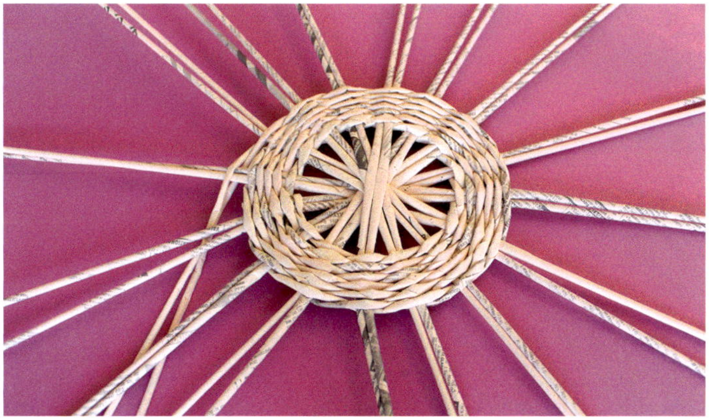

Boden des Korbes

Aus 16 langen Rollen einen Sternboden legen, wie auf Seite 9 beschrieben. 6 Runden fitzen, um einen Durchmesser von 17 cm zu erhalten.

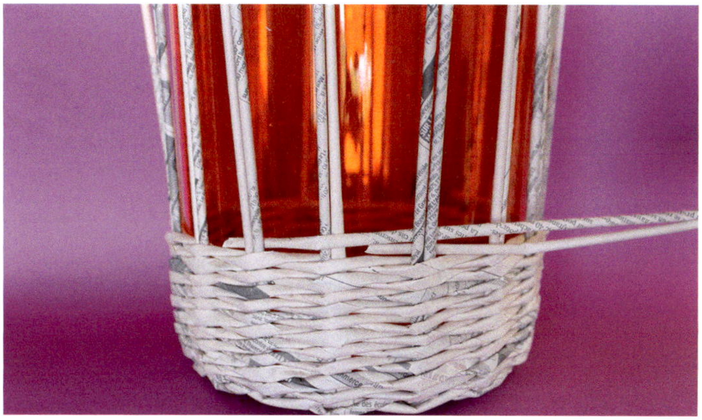

Die Form einsetzen, Staken mit einem Gummiband fixieren, mit Papierrollen 11 Runden fitzen. Nun das Flechten mit doppelten Rollen beginnen. Eine neue Rolle hinter dem übernächsten Stakenpaar ansetzen.

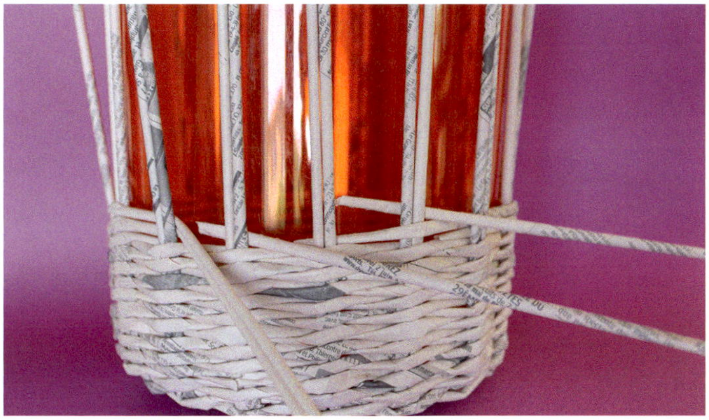

Zwei weitere Rollen, wieder um ein Stakenpaar versetzt, neu ansetzen.

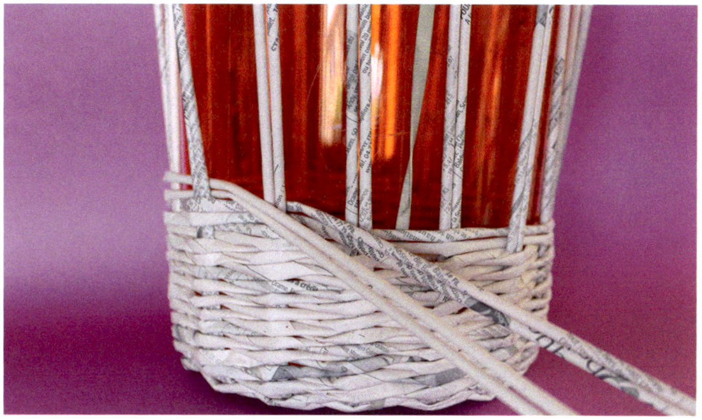

Die zwei Rollenpaare werden übereinander geflochten.

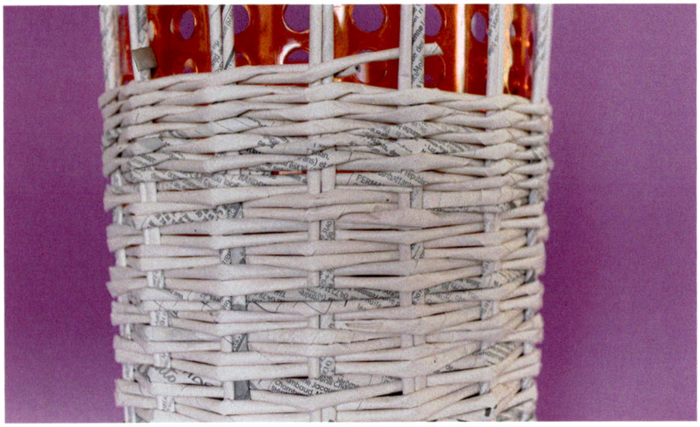

14 Runden in dieser Weise weiterflechten.
Dann 7 Runden fitzen.

Rand

Die Staken zum einfachen Abschluss in 2 Schritten verflechten, wie auf Seite 12 beschrieben.

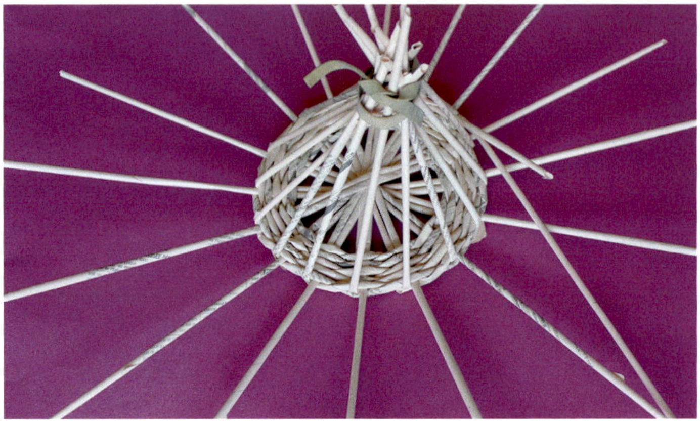

Der Deckel

Wieder aus 16 langen Rollen einen Sternboden legen, wie auf Seite 9 beschrieben. 5 Runden fitzen, um einen Durchmesser von 16 cm zu erhalten.
Dann von jedem Stakenpaar eine Stake aufrichten und zusammenbinden.

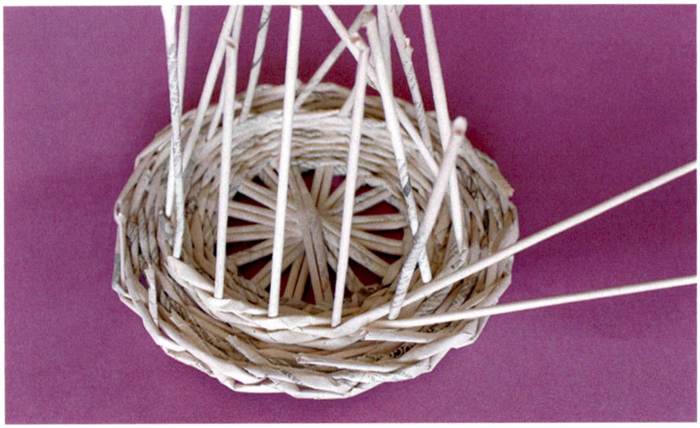

4 Runden weiterflechten und anschließend die Staken in 2 Schritten zu einem Rand verflechten. Für den inneren Deckelrand 3 Runden um die aufgerichteten Staken in der Mitte fitzen.

Rand

Auch hier die Staken zum einfachen Abschluss in 2 Schritten verflechten (wie auf Seite 12 beschrieben).

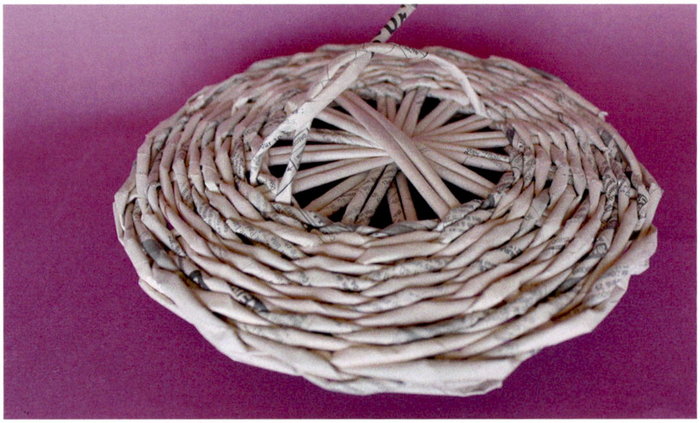

Griff

Eine Rolle in der Mitte knicken und sie zwischen der ersten und zweiten Runde des Deckelgeflechts durchstecken. Beide Teile miteinander verdrillen, um den Griff zu bilden. Die Enden in das Geflecht zurückstecken.

Dekor

Korb und Deckel innen und außen z.B. mit apfelgrüner Acrylfarbe streichen. Um Farbschattierungen zu erzeugen, weiße Farbe (mit einem bisschen Grün gemischt) mit einem Schwamm auftupfen.

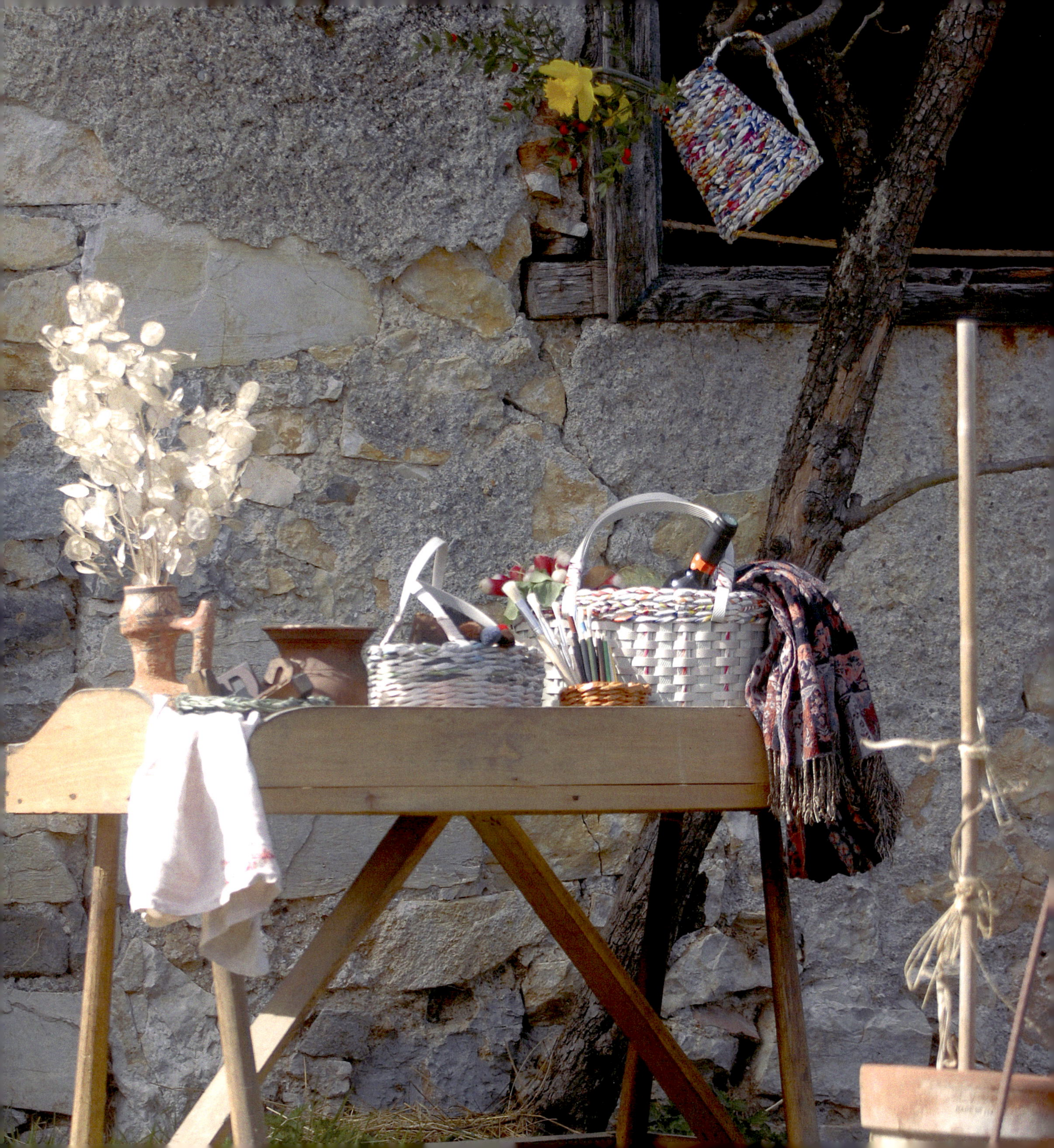

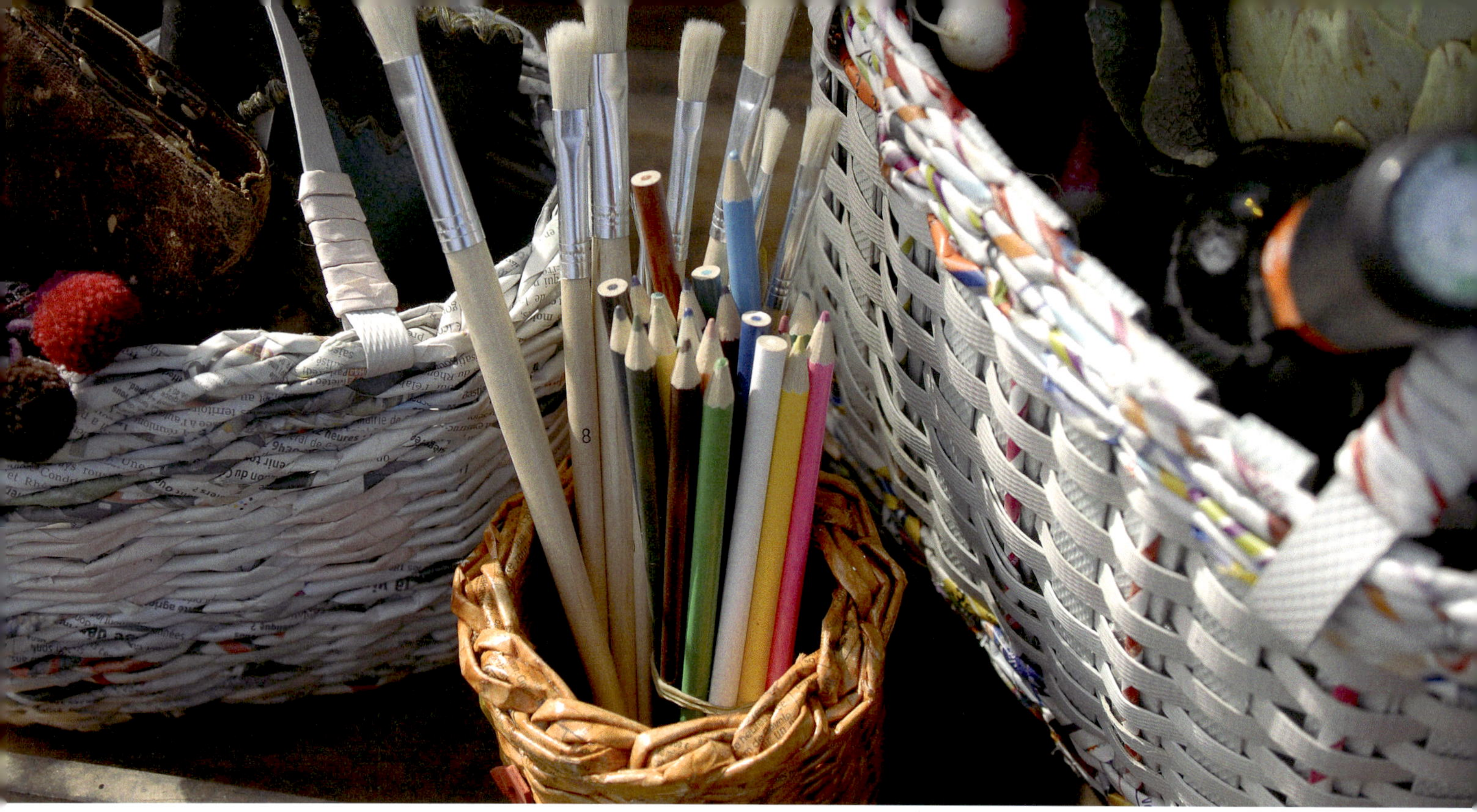

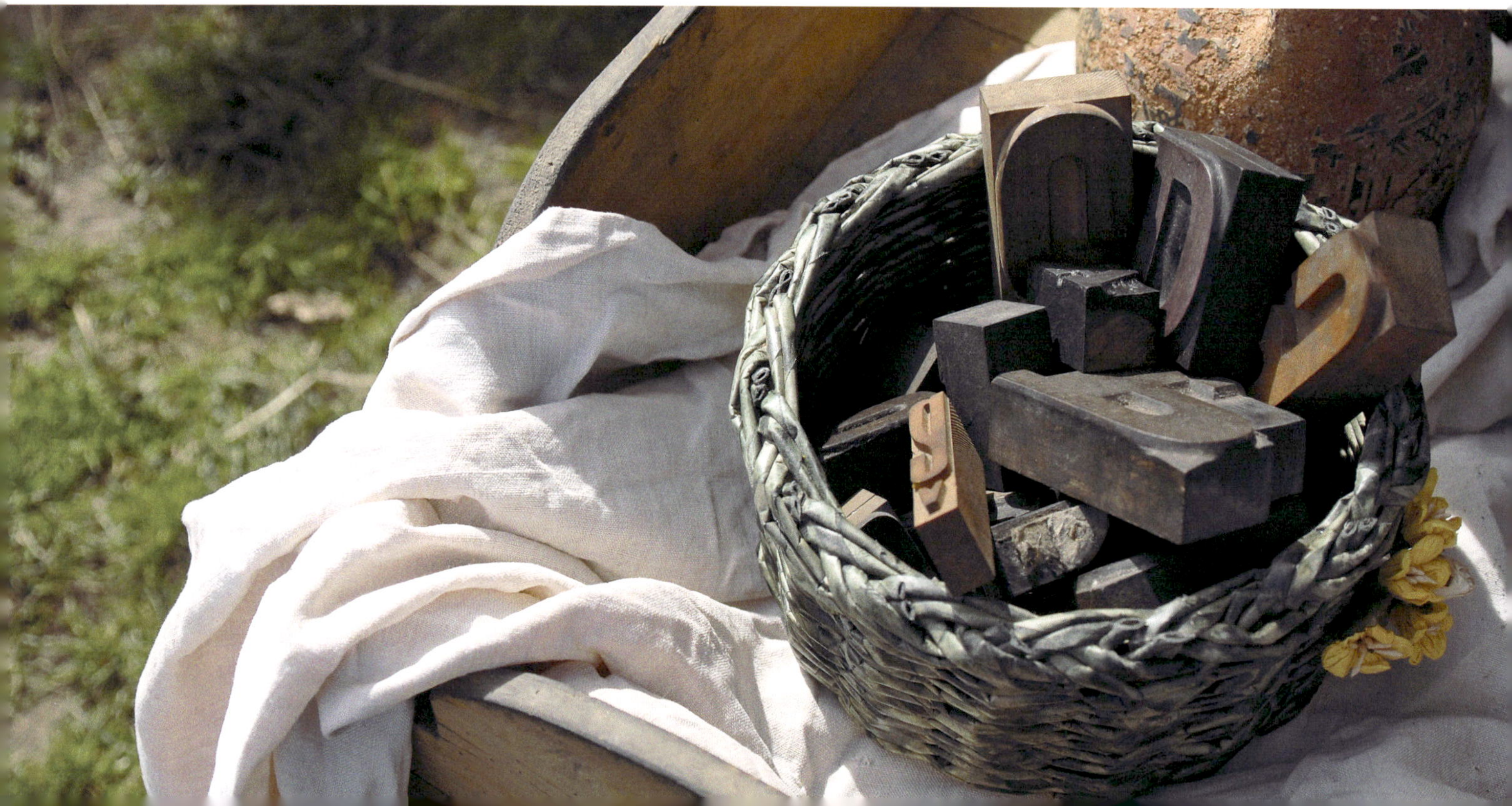

Begriffserklärungen

Ansetzen der Rollen: Den Flechtstrang durch Einstecken bzw. Aufstecken und Verkleben einer neuen Rolle verlängern.

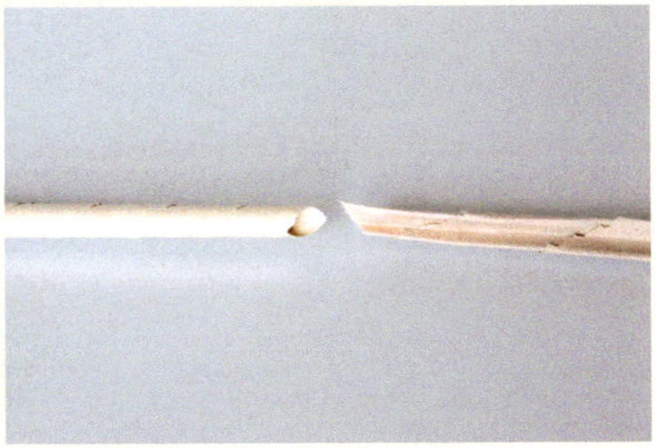

Seitenwand:
Senkrechter Teil eines Korbes.

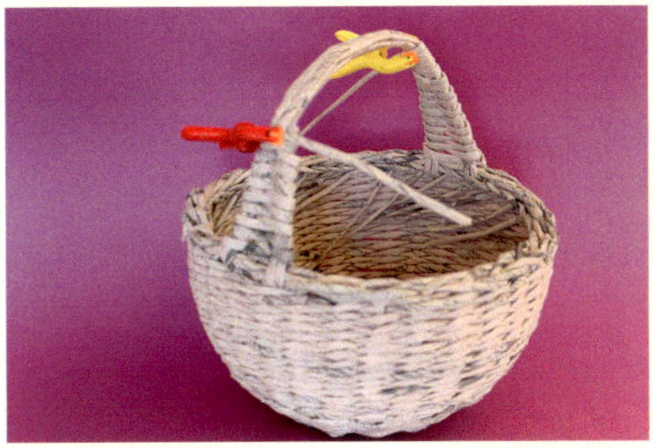

Verjüngung:
Sich verjüngendes Flechten, um die konische Form eines Korbteils herzustellen.

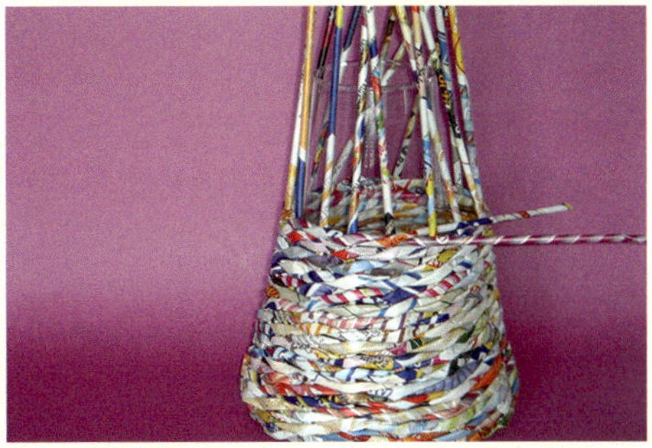

Ansetzen der Bänder:
Hinter einer Stake das neue Band auf das vorhergehende setzen; der Ansatz darf nicht sichtbar sein.

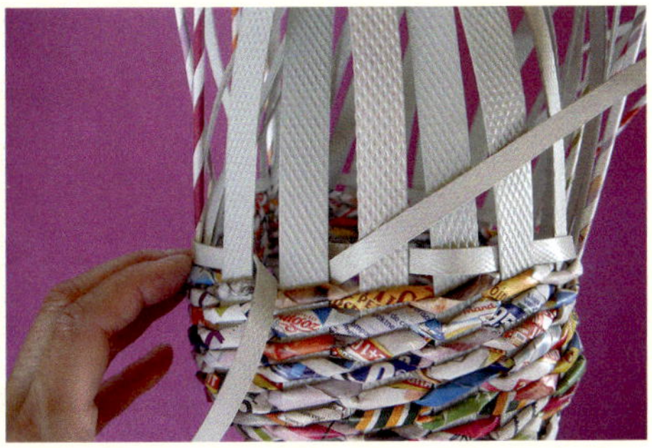

Bodenkreuz: Lange Rollen werden kreuzweise miteinander verflochten und diese Staken mit einigen Runden umflochten o. gefitzt, um den Boden zu stabilisieren.

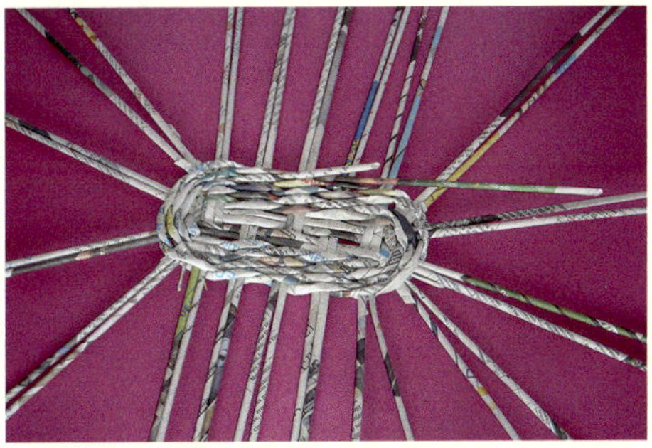

Fitzen: Besondere Flechtart mit zwei gemeinsam geführten Flechtsträngen, die im Wechsel jeweils vor und hinter den Staken geführt werden.

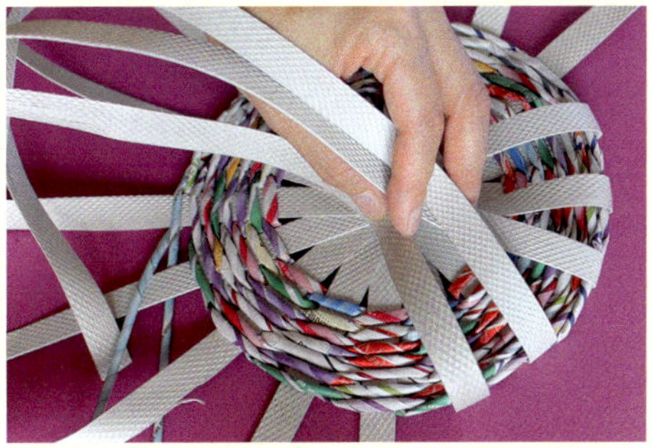

Rand:
Flechtabschluss

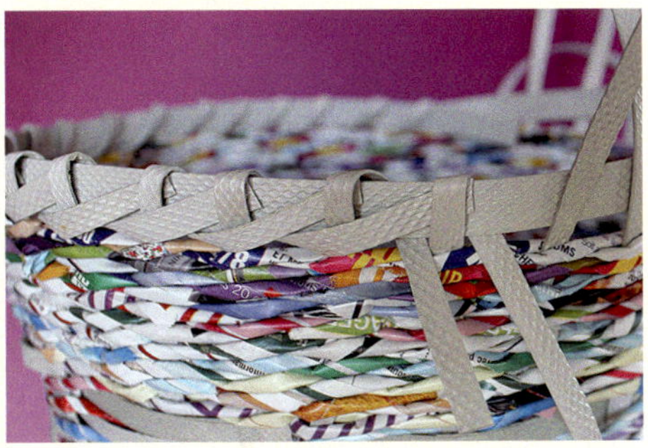

Staken: Rollen oder Bänder, die als Gerüst für den Boden und die Korbwand dienen und umflochten werden.

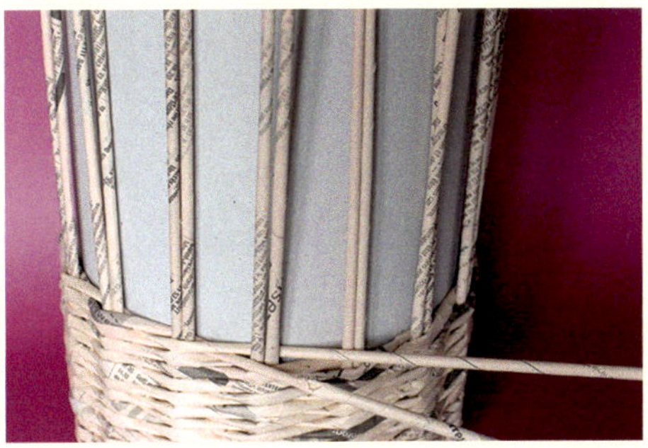

Henkelumwicklung:
Fixierung und Stabilisierung der Henkelenden durch Umwickeln mit Rollen.

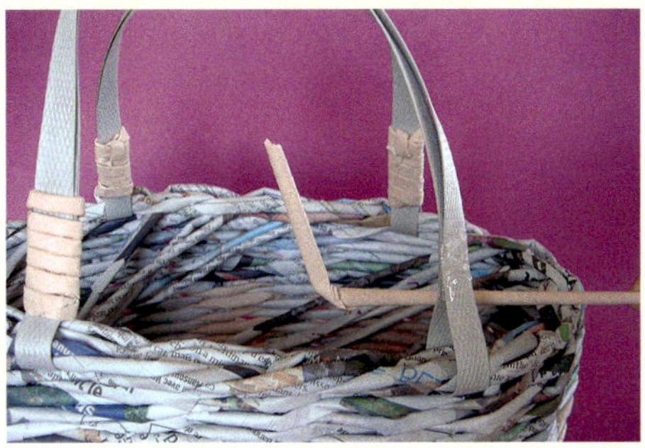

Weitere Bücher im ökobuch Verlag

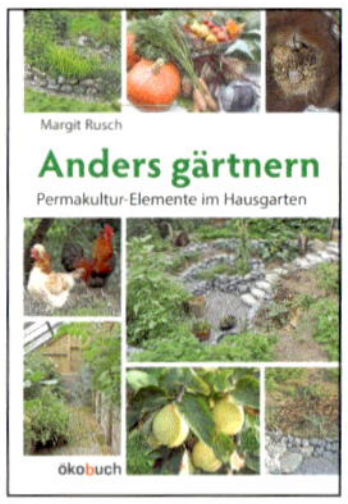

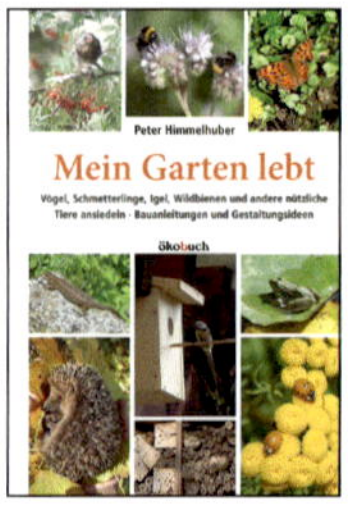

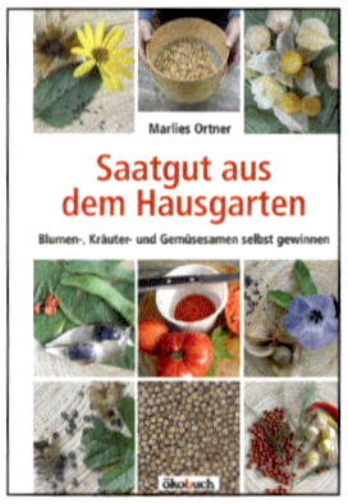

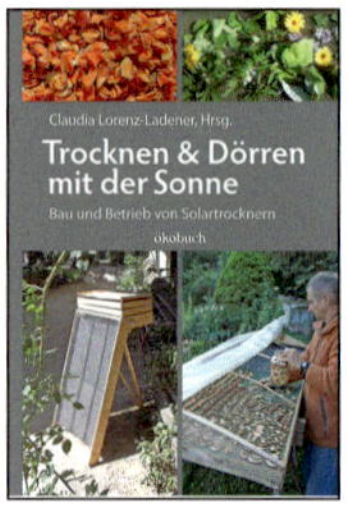

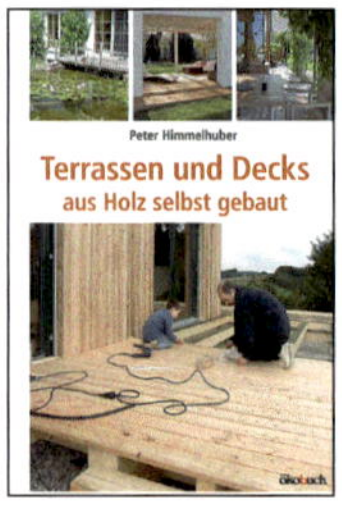

Anders gärtnern
Permakultur-Elemente im Hausgarten. Ob Kräuterspirale, Krater- bzw. Hochbeet, Kartoffelturm, Wurmfarm oder Erdgewächshaus mit Hühnerstall, bei allem dient die Natur als Vorbild. Mit vielen Anleitungen für einen Hausgarten, in dem die Bereiche harmonisch zusammenwirken und sich gegenseitig fördern. Von Margit Rusch. 96 Seiten, mit vielen farbigen Abbildungen, 14,95 €

Mein kleiner Permakultur-Garten
300 kg Ernte auf 150 m2 Fläche mitten in der Stadt. Der Autor Josef Chauffrey beschreibt die Kultivierung eines Reihenhausgartens nach Permakultur-Prinzipien und zeigt, wie sich beachtliche Ernteerfolge an Obst u. Gemüse erzielen lassen. 110 Seiten, mit vielen farbigen Abbildungen, 14,95 €

Biogarten-Praxisbuch
Anleitung zum naturgemäßen Gärtnern in Bildern. Hier wird das notwendige Wissen vermittelt, um erfolgreich den Boden zu bestellen und reichhaltig gesundes Obst und Gemüse zu ernten. Von Susanne Bruns. 224 Seiten, viele Abbildungen, 18,95 €

Mit Weiden bauen
Anleitungen für Zäune, Laubengänge, Wigwams, Sitzplätze und grüne Kuppeln. Arbeiten mit lebendem Material, aus dem sich viele schöne, nützliche Dinge herstellen lassen. Von Jon Warnes. 60 Seiten, mit vielen farbigen Abbildungen, 12,95 €

Auf 300 qm Gemüseland
… den Bedarf eines Haushalts ziehen. Wie man auf kleinstem Raum einen Nutzgarten anlegt und erfolgreich bewirtschaftet, können wir von unseren Vorfahren lernen. Mit schnellen, praktischen, alphabetisch geordneten Infos über die wesentlichen Pflanzen, über Anbau- und Arbeitsmethoden. Von Arthur Janson. Neugestalteter Nachdruck der Erstausgabe von 1926. 170 Seiten, 13,95 €

Saatgut aus dem Hausgarten
Nach einer Einführung in die Saatgutgewinnung und in die Praxis der Vermehrung werden die nötigen Hilfsmittel, Ernte, Reinigung und Lagerung der Samen sowie Aussaat und Aufzucht beschrieben. Mit kurzen Pflanzenporträts aller im Hausgarten üblichen Kräuter, Gemüse und Blumen. Von Marlies Ortner. 138 Seiten, mit vielen farbigen Abbildungen, 19,90 €

Trocknen und Dörren mit der Sonne
Bau & Betrieb von Solartrocknern. Ein Buch für alle, die einen funktionstüchtigen Solartrockner kostengünstig selbst bauen möchten, um Obst, Gemüse und Kräuter natürlich und hochwertig haltbar zu machen. Außerdem: Praxis des Trocknens mit vielen Tipps aus langjähriger Erfahrung. Herausgegeben von Claudia Lorenz-Ladener. 96 Seiten, mit vielen farbigen Abbildungen, 13,95 €

Terrassen und Decks aus Holz selbst gebaut
Planungsüberlegungen, sinnvolle Konstruktionen, Materialempfehlungen. Viele Beispiele und Schritt-für-Schritt-Bilder vermitteln das Wissen zum Bau schöner Holzdecks. Von Peter Himmelhuber. 102 Seiten, mit vielen farbigen Abbildungen, 14,95 €

Mein Garten lebt
Vögel, Schmetterlinge, Igel, Wildbienen und andere nützliche Tiere ansiedeln. Mit Bauanleitungen und Gestaltungsideen, um durch Nisthilfen, Schlafquartiere u.ä, Gärten tierfreundlich zu gestalten. Von Peter Himmelhuber. 96 Seiten, mit vielen farbigen Abbildungen, 14,95 €

Natürlich konservieren
Die 250 besten Rezepte, um Gemüse und Obst möglichst naturbelassen haltbar zu machen und ein maximum an Vitaminen, Nährstoffen und Geschmack zu erhalten. Herausgegeben von Terre Vivante. 160 Seiten, mit vielen Abbildungen, 14,95 €

Trockenmauern für den Garten
Bauanleitung & Gestaltungsideen. Ob Sitzplätze oder Hochbeete einzufassen, eine Hangfläche zu terrassieren oder das Grundstück einzugrenzen: Mit einfachen Werkzeugen kann jeder kostengünstig eine schöne und dauerhafte Trockenmauer selbst bauen. Von Jana Spitzer und Reiner Dittrich. 96 Seiten, mit vielen farbigen Abbildungen, 13,95 €

Hütten von Kindern selbst gebaut
Das Buch zeigt schön illustriert, wie Kinder ohne großen Aufwand ihr eigenes kleines Reich erschaffen können, mit Baumaterialien, die fast alle draußen zu finden sind: Spielhäuschen, Kuppelbau, Schlupfwinkel, Beobachtungsversteck. Ab 8 Jahre. Von Louis Espinassous. 58 Seiten, mit vielen Abbildungen, 13,95 €

Kleine Baumhäuser und Hütten
… kinderleicht gebaut. Hier wird gezeigt, wie Baum- und Stelzenhäuser gebaut werden können.
Mit Anleitungen für verschiedene Konstruktionen und Bildern von realisierten Beispielen. Von David Stiles. 96 Seiten, mit vielen farbigen Abbildungen, 14,95 €

Holzbacköfen im Garten
Detaillierte Bauanleitungen vom einfachen Lehmofen bis zum gemauerten Brotbackhäuschen.
Mit vielen Erfahrungen und Ratschlägen sowie pfiffigen Tipps und Rezepten. Herausgegeben von Claudia Lorenz-Ladener. 138 Seiten, mit vielen Abbildungen, 15,95 €